平成の
[illegible]災害

伊藤和明

KSS 近代消防新書 022

近代消防社 刊

はじめに

長かった昭和の時代が終わって、元号が「平成」に変わったのは、1989年の1月、それから約30年続いてきた平成の時代も、さまざまな自然災害が日本列島を席巻し、多くの犠牲者を招いてきた。

とりわけ、平成7年（1995年）1月の阪神・淡路大震災と、平成23年（2011年）3月の東日本大震災とは、日本の地震災害史に末永く残る壊滅的な被害を招いた出来事であった。

一方、平成3年（1991年）雲仙普賢岳の噴火による火砕流・土石流災害は、火山と人間社会との共生のあり方を、改めて問いかける事象であった。

令和という新しい時代の幕開けに、平成の30年間、日本列島で発生した地震災害、火山災害を振り返りつつ、そこからもたらされた防災上の課題を抽出していきたい。

目次

第1章　伊東沖海底噴火・手石海丘の誕生

群発地震の発生

元号が「平成」に変わってから半年あまり、平成元年（1989年）7月13日の夕刻、静岡県伊東市の沖合で小規模な噴火が発生して、海底にごく小さな火山が誕生した。幸い陸地に被害を及ぼすようなことはなかったが、周辺住民にとっては思いもかけない噴火だっただけに、社会的にも大きな波紋を呼ぶ出来事であった。

この地域では、6月30日から群発地震が始まり、7月4日からは顕著な有感地震も頻発していた。伊東市内では、しばしば震度5に相当する揺れを感じ、9日の午後5時すぎには、M5・5と5・2の地震が相次いで発生、宇佐美地区や新井地区などを中心に、崖崩れや道路の損壊、家屋の破損などの被害がでた。

9日の地震をピークに、群発地震活動は治まる気配を見せたが、11日夜になると、地震とは異なる連続的な微動が観測されはじめた。この微動は70分間も続いたうえ、振幅も大きく、伊豆の網代や鎌田では、地震計の針が振り切れるほどであったし、また観測された範囲も、茨城県から福井県の敦賀まで、きわめて広範囲にわたっていた。このとき伊東市内では、真下から突き上げるような地響きが断続し、地震とは異なる揺れ方に市民は不安な一夜を過ごしたという。

その後も微動は断続的に発生しつづけた。微動という現象は、マグマあるいは熱水のような液体が、地下で活動することによって発生するものと考えられている。一般にこのような微動は、火山活動と密接に関連して発生することが多いため、このときも火山性微動であろうということで緊張が一気に高まったのである。

しかも6月30日以来の群発地震活動は、震源の深さが約3キロと浅く、あたかも地下のマグマが出口を探しているようにさえ見えた。

一方、伊東市付近では、近年地盤の異常な隆起が観測されており、伊東の検潮所では1975年以来45センチも隆起が続いていた。しかも隆起の中心は、時とともに移動しており、それまで地下深所でうごめいていたマグマが、地表近くにまで達して、活動が活発化したことを示唆するものであった。

７月13日海底噴火の発生（海上保安庁）

海底噴火と手石海丘の誕生

7月13日、伊東市内では午後6時30分すぎから、突き上げるような揺れが始まり、40分すぎには、海の方からドーンという音が連続して聞こえはじめた。そして6時43分、海底噴火が発生したのである。噴火地点は、伊東市の沖合3キロほどの所であった。噴火は連続して7回発生し、噴煙を伴った火柱を30メートルほどの高さに噴き上げた。

噴火から2日後の7月15日、無人調査船「マンボウ」が噴火地点周辺の海底を調査したところ、水深90メートルほどの海底に、高さ約10メートル、底部の直径が約４５０メートルの偏平な盛り上がりがあり、頂部には直径約２００メートル、深さ約10メートルの火口が開いていることが明らかになった。

これは、13日の噴火によって新たに誕生した小さな海底火山であると認定され、近くにある無人の手石島の名をとって「手石海丘」と命名されたのである。

伊豆東部火山群

伊東沖で発生した海底噴火は、噴出物の量から見てもごく小規模なものであったが、この噴火には、まったく前例のない特徴がある。それは、これまで火山の姿すらなかった海底で噴火が発生し、新しい火山が突如誕生したことである。

しかし地球科学の視点に立てば、それは決して珍しい出来事ではなかったことがわかる。実は、伊豆半島のほぼ東半分と、東方の海域つまり半島と伊豆大島のあいだの海底には、陸上に約70、海底に約30、合計100前後の単成火山が分布していて、「伊豆東部火山群」と呼ばれている。

〝単成火山〟というのは、1回または1シリーズの噴火で活動を終えてしまう火山のことで、同じ噴火口からたびたび噴火を繰り返しては成長していく〝複成火山〟と対比される。日本列島の火山の大部分は複成火山だが、この東伊豆地域だけは、多数の単成火山が密集しているの

大室山

である。

すり鉢を伏せたような形で、遠くからもよく目立つ大室山（580メートル）は、4、000年程前に誕生した単成火山のスコリア丘である。この大室山の北4キロほどに位置する一碧湖は、ボート遊びなどを楽しむ観光地になっているが、この湖も、10万年あまり前の激しい水蒸気噴火により生じたマールであって、やはり単成火山の1つである。

これら単成火山のなかには、大室山のように大きなものもあれば、直径が10メートルほどの噴火口だけというごく小さなものも含まれている。

これら単成火山のうち最新のものは、噴出物の調査などから、2、800年前以降に誕生したことが明らかになっている。2、000年や3、000年という時間は、火山の自然にとってはほんの一瞬にすぎない。地質学的に見れば、ついこのあいだの出来事、まさに現代の出来事なのである。

見方を変えれば、単成火山群というのは、全体が1つの活火山、つまり浅間山や桜島のような複成火山1個に相当するという見方もある。そのような考え方に立つと、1989年伊東沖海底噴火も、全体が活火山である「伊豆東部火山群」の活動の一環と見るべきであり、その活動の課程で新しい単成火山が、海底に1つ誕生したものと考えることもできよう。

7月13日の海底噴火のあと、伊東市の周辺には、国の各機関や大学などの研究陣が、各種の観測を集中することになった。移動式地震計や傾斜計の設置、マグマの活動を知る手がかりとなる地磁気の測定、レーザー光線や赤外線による距離の測定、さらには人工衛星からの電波を受信して相互の距離を測り、広範囲での地形のゆがみを検出する方法など、精密な観測網が布かれるにいたった。

伊豆半島東部から海底にかけては、その後もしばしば群発地震が発生して現在にいたっている。

第2章　雲仙普賢岳の噴火災害

溶岩ドーム出現

平成2年（1990年）11月、長崎県島原半島の雲仙普賢岳は、200年近い眠りから目を覚ました。

約1年間に及ぶ前駆的な地震活動のあと、11月17日の未明、普賢岳の山頂で水蒸気噴火が発生した。噴火は地獄跡火口と九十九島《つくも》火口の2か所から始まり、噴煙は最高400メートルの高さに達した。その後、噴火はいったん鎮静化し、活動はこのまま終息するのではないかとさえ思われていた。

ところが、年が明けた1991年の2月12日に再噴火、噴煙は500メートルの高さにまで達した。以後、噴火のたびに火山灰を山麓に降らせるとともに、4月に入ると、地獄跡火口から爆発的な噴火を繰り返すようになった。

大量の火山灰が山腹に堆積したところへ、5月15日からの大雨によって、東麓の水無川で土石流がたびたび発生し、橋が流されるなどの被害もでた。

一方、5月12日ごろから、火山性地震が普賢岳の直下で頻発しはじめ、5月20日、地獄跡火口に溶岩ドームの出現しているのが見つかった。粘性の高いマグマが地表を突き破って、ドームを形成しはじめたのである。

地下からのマグマの供給が続くとともに、溶岩ドームは急速に成長し、5月23日には、直径約100メートル、高さ約70メートルに達し、地獄跡火口から溢れだすほどになった。

火砕流発生

溶岩ドームの成長とともに、その東端が急斜面にせりだして不安定な状態となり、少しずつ崩落しはじめた。この急斜面は、土石流が多発していた水無川の源頭部にあたっていた。

5月24日、ドームの端から大きな溶岩塊が崩落して、水無川の上流部で火砕流が発生しはじめた。溶岩ドームの内部に、高圧のもと封じこめられていた火山ガスが、崩落とともに一気に減圧して噴出し、高温の火砕流となったのである。以後、溶岩ドームはさらに成長を続け、火砕流が頻発するようになった。

火砕流という現象は、溶岩の破片や軽石、火山灰、火山ガスなどが、高速度で火山の斜面を流下する現象で、高温であるため、通り道にあたる所はすべて焼失してしまう。

5月26日には、水無川の砂防ダムで土砂の除去作業をしていた36歳の作業員が、両腕や肩などに火傷を負った。このときの火砕流は、島原市北上木場《かみこば》地区の人家から、約300メートルまで迫って停止している。

この日、気象庁雲仙岳測候所は、火山活動情報第1号を発表して、注意を呼びかけた。また島原市と深江町は、水無川流域の約900世帯、3、500人に対して避難勧告を発令した。九州大学島原地震火山観測所も「大規模な火砕流発生の恐れがある」として警告を発していた。

実は〝火砕流〟という言葉が最初に新聞の紙面などに載ったのは、5月26日であった。しかし、初めて聞く用語に多くの人が戸惑い、その現象の恐ろしさが理解されないうちに、次なる悲劇を迎えたのである。

ついに犠牲者

6月3日の午後4時すぎ、やや規模の大きな火砕流が発生した。火砕流は水無川の谷を高速で流下し、地獄跡火口から約4キロの地点にまで達した。このときの火砕流によって、取材中の報道関係者をはじめ、消防団員など43人が犠牲になる大惨事となったのである。

犠牲者の大半は、水無川の左岸にあたる比較的緩い斜面で取材にあたっていた。そこは、水無川の谷底から40メートルほど高い位置にあって、報道関係者は「定点」と呼んでおり、溶岩ドームから火砕流が発生する状況を撮影できる好位置にあった。しかし、火砕流に付随した高温の火山ガスが人びとの命を奪ったのである。

溶岩片や軽石などから成る火砕流の本体は、重いために谷底を流れる。しかしその上には、火山灰をまじえた高温のガスが熱風となってついてくる。死傷した人びとは、数百度という高温のガスによって全身に火傷を負ったり、ガスを吸いこんで気道熱傷を引き起こしたりして死に至ったのである。またこの日、火砕流によって家屋179棟が焼失した。

頻発する火砕流

その後6月8日には、溶岩ドームがさらに大きく崩壊して、6月3日を上回る規模の火砕流が発生、広範囲にわたって山火事を発生させるとともに、島原市と深江町で73棟の住宅や倉庫が焼失した。火砕流は水無川に沿って約5・5キロ流下し、国道57号線にまで達したのだが、すでに災害対策基本法にもとづく警戒区域が設定されていて無人状態だったため、人的被害の発生することはなかった。

頻発した火砕流（消防防災博物館ＨＰより）

このときの溶岩ドームの大崩壊では、爆発的噴火を誘発し、大量の軽石を噴出、直径２センチほどの軽石が、東北東８キロ付近まで達していた。さらに６月11日の深夜には、大音響とともに大量の軽石が島原市などに降りそそいだ。

軽石は、おもに火山の北東側に降下し、こぶし大から直径20センチほどのものもあった。そのため、住宅の屋根瓦が破損したり、車のフロントガラスが割れるなどの被害が続出した。

以後雲仙普賢岳では、溶岩ドームの成長と火砕流の発生が続き、大雨による土石流が頻発するなど、災害は長期にわたり継続することになったのである。

火砕流と土石流による複合災害

相次ぐ火砕流によって、水無川や周辺河川の源流部には、火砕流がもたらした大量の岩塊や火山灰が堆積していた。

折から梅雨のシーズンであった。6月30日、大雨によって水無川と湯江川で大規模な土石流が発生、130棟以上の家屋が全半壊した。ただ被災した地域は、すでに災害対策基本法に基づく「警戒区域」に指定されていたため、住民は居住しておらず、人的被害は発生しなかった。以後、降雨による土石流が繰り返し発生、翌1992年8月には、台風10号と11号による大雨で、大規模な土石流により150棟あまりの家屋が被災した。

一方、火山活動も継続し、新たな溶岩ドームの成長と崩落による火砕流の発生が繰り返された。1991年7月には、1日に10回ほど火砕流の流下する状況が続いたという。

同年9月15日の午後5時ごろから、火砕流の発生頻度が高まり、6時54分に発生した大規模な火砕流は、北東側の垂木台地にぶつかったあと、南東に向きを変え、水無川を流下した。

このとき、火砕流に伴った熱風が水無川を横切って、深江町の大野木場《おおのこば》地区に広がり、大野木場小学校を直撃したため校舎が焼失した。約5・5キロ流走した火砕流によって、同地区で218棟が被災したが、ここも警戒区域内であったため人的被害は免れた。

土石流に埋まった集落

翌1992年の年末から翌年にかけては、火砕流の発生回数がかなり減少したため、火山活動は終息に近づいたかと思われたが、その後、活動が再開され、1993年1月15日には、数時間にわたって火砕流が集中的に発生している。

2月に入ると、溶岩ドームの崩落方向が変わったため、火砕流が北東側のおしが谷や中尾川方面にしばしば流下するようになった。6月23日、中尾川方向に流下した火砕流によって、島原市千本木地区で多数の家屋が焼失したが、このとき自宅の様子を確認に行った男性1人が焼死している。

この間、土石流も頻発した。とりわけ、4月28日、29日と5月2日には、大雨によって水無川を中心に大規模な土石流が発生、島原市と深江町で570棟あまりの家屋が土砂に埋まるとともに、国道57号と

251号、それに島原鉄道の線路も寸断された。このときも含め、度重なる土石流によって被災した建物は1,300棟以上にのぼったという。

以後、溶岩ドームの形成と火砕流の発生は続き、1995年2月にマグマの供給が停止するまで、13個の溶岩ドームが出現し、火砕流の発生数は9,400回あまりを数えた。そして5月25日、火山噴火予知連絡会は、雲仙普賢岳の噴火活動の終息を宣言したのである。

4年近くにわたり続いた溶岩の総噴出量は、約2億立方メートルと推定されており、そのうちの半分ほどは崩落して火砕流となり、残りの半分は溶岩ドームとして山頂に留まっていて、「平成新山」と命名された。新山の標高は、雲仙火山群の最高峰であった普賢岳を上まわる1,486メートルに達した。

一連の活動による死傷者の大部分は火砕流によるもので、犠牲者は44人を数えた。家屋の被害は2,500棟あまりにのぼったが、うち約1,700棟が土石流による被災、あとの800棟ほどが、火砕流により焼失したものである。

砂防事業の展開

火山活動は終息したものの、地域の復旧・復興にあたってまず進めなければならなかったの

「平成新山」と水無川を埋めた火砕流堆積物（厚さ130メートル）

は、土砂災害対策であった。

すでに建設省（当時）は、1993年4月、「雲仙復興工事事務所」を島原市に新設し、国の直轄事業として、火山砂防工事を発足させていた。砂防関連施設を整備するために、水無川と中尾川の流域、さらには湯江川流域の土地を買い上げ、「砂防指定地」として事業を展開しはじめたのである。

水無川流域では、土石流対策として、上流部に40基の砂防ダム群が計画され、中尾川流域でも14基の建設が計画された。

しかし、これらの砂防工事は、火砕流や土石流の危険がある警戒区域内で実施しなければならないため、作業員の安全確保が課題となった。

そこで導入されたのが「無人化施工技術」で

ある、除石工事や土砂運搬、砂防ダムの基礎掘削、堤体打設などの工事を、すべて無線による遠隔操作で進めようというもので、1995年9月に着工した砂防ダムの建設にも活用され、成果を挙げてきた。

一方、国道の整備事業も進められ、土石流で流出した水無川橋に代わって、アーチ型をした「水無大橋」が新たに完成した。橋自体を河床から高く上げることによって、土石流に対する安全性を高めたのである。

地域の復興に向けて

災害からの復興のシンボルと位置づけられたのは、〝安中《あんなか》三角地帯の嵩上げ〟という一大プロジェクトであった。

もともと島原市の安中三角地帯は、水無川の堤防と導流堤とに挟まれた面積93ヘクタールの土地であった。災害の前には324世帯が生活していて、古い町並みの風情を残す環境であったという。

しかし、雲仙普賢岳の噴火が始まってからは、しばしば土石流に襲われて壊滅状態となり、住民はみな他の地域へと避難していった。

復興計画を進めるにあたって、大きな問題となったのは、この三角地帯の置かれた環境であった。いつかは住民が帰ってくるであろうこの地域を、土石流の危険から守るためには、水無川の堤防と導流堤とを、ともに嵩上げしなければならない。しかしそれでは、三角地帯は窪地になって、居住環境が悪化するうえ、導流堤から水が溢れれば、水害に見舞われる恐れもある。

この難問を解決するには、三角地帯全体を嵩上げするしかないという結論に達し、地元有志から島原市に要望書が提出された。これを受けて、島原市も事業計画を策定し、巨大な嵩上げ事業がスタートすることになった。しかし問題は、そのための膨大な経費をどこから捻出するかであった。

ここで登場したのが、安中三角地帯を、水無川流域や遊砂地などに堆積している大量の土砂を捨てる〝土捨て場〟にして、その土砂で嵩上げを行い、国から支払われる〝土捨て料〟を財源にあてようというアイデアであった。

このようにして、土砂を捨てる側と、捨てられた土砂を有効利用する側との利害が一致することとなり、安中三角地帯の大規模嵩上げ事業が実施された。約３３０万立方メートルの土砂によって、高さ約６メートルの嵩上げが完成をみた。やがて区画整理の進んだ新しい土地に、次々と住宅が再建され、安中三角地帯は、まさにニュータウンの様相を呈するにいたったのである。

また、火砕流で被災した旧大野木場小学校の校舎を、災害の遺構として保存したり、土石流に埋没した家屋数棟を、道の駅に展示するなど、火山災害の脅威を伝承するための取り組みも進められてきた。また、日本で最初の火山体験ミュージアムとして、「雲仙岳災害記念館」も建設され、災害の記憶を風化させない努力が続けられている。

一方では、国際的な活動も精力的に行われてきた。2007年11月には、「火山都市国際会議島原大会」が開催され、火山噴火の教訓や、復興の過程などを世界に発信した。

また2009年には、島原半島が日本で初めて「世界ジオパーク」に認定された。それを受けて、2012年5月に「第5回ジオパーク国際ユネスコ会議」が島原市で開催された。この国際会議には、秋篠宮同妃両殿下も臨席されるとともに、31の国と地域から約600名が参加、「市民フォーラム」などを含めると、約5、300名が参加するという盛大な催しとなったのである。

第3章　釧路沖地震

釧路市での都市災害

平成5年（1993年）1月15日の午後8時6分ごろ、北海道・釧路市の沖合を震源として、M7・5の地震が発生した。北米プレートの下に沈みこんでいる太平洋プレートの内部が割れて発生した地震で、震源の深さは約100キロという「やや深発地震」であった。

この地震により、釧路市で震度6、帯広市、浦幌町、広尾町、青森県八戸市で震度5を観測し、全域で死者2人、重軽傷者967人、家屋の全半壊84棟、道路の損壊1、250か所などの被害がでた。被害が最も大きかったのは、人口約20万の釧路市である。

死者2人のうち1人は、自宅の室内で、重さ約15キロのシャンデリアが落下して胸部を挫傷した女性であり、他の1人は、大楽毛《おたのしけ》の集合住宅でのガス中毒によるものであった。地震の揺れによって、地下のガス管のつなぎ目が外れたり、破損したりしたため、各所でガス漏れが発生し、集合住宅の1階に侵入したからである。

重軽傷者の大部分は家庭内で被災していて、転倒した家具の下敷きになって骨折や打撲を負った人、割れたガラスや食器類の破片を踏みつけて、足に大けがをした人、石油ストーブの火を消そうとして、加熱したストーブに触れたり、ストーブの上に乗っていた薬缶が落下して火傷を負った人などであった。

釧路市の緑ヶ丘地区や武佐地区では、大部分の家庭で、家具の転倒やテレビなどの落下が見られ、食器棚から食器や瓶類が落下して床に散乱した。

火災は釧路市内で9件発生したが、いずれも延焼を免れた。9件の内訳は、住宅火災が6件、飲食店での火災が2件、無人の炭焼き小屋での火災が1件であった。

9件中6件は、石油ストーブやガスストーブなど、暖房器具が原因となって起きたものである。また5件は、一般住宅などで、家人が不在の折に発生している。寒冷地であるがために、冬期は外出するさいにも暖房をつけたままにしておく家庭が多く、留守のあいだに地震に襲われ出火したものである。

また、地震とともに各所で停電、断水、都市ガスの供給停止など、ライフラインの被害が発生した。

このうち電気については、地震直後に約9、000棟が停電したが、翌日の未明には全面的

釧路市緑ヶ岡の惨状

に復旧した。水道については、最大２６５棟で断水したが、地震から5日後の1月20日には完全に復旧している。

復旧に最も手間取ったのは都市ガスである。釧路市西部の大楽毛では、地下のガス管が損傷してガスが漏れだし、市営住宅１階の各部屋に浸透、死者１人を含む40人の中毒患者がでた。

そのため、ガスの供給が全面的に停止され、被害は約９、４００棟に及んだ。復旧作業が懸命に進められたものの、寒冷地特有の固結した凍土が、１メートルもの厚さで地表を覆っていたため、それを打ち破るのに多大な労力を要し、工事は難航した。ガスの供給が全面的に再開されたのは、地震から3週間あまりも経った2月6日であった。

広範囲にわたった地盤災害

さらに釧路沖地震の被害を特徴づけたのは、顕著な地盤災害であった。

各所で地盤の液状化による被害が発生した。釧路港の岸壁では、多数の亀裂や段差、陥没を生じた。

釧路市美原の新興住宅地では、道路の舗装がひび割れて、砂まじりの水を大量に噴きだした。釧路町では、液状化によって道路のマンホールが次々と抜け上がり、最高のものは道路上1・5メートルにも達した。

道路の損壊も各所で発生した。厚岸町では、国道44号線の切り通し部分で、路面が約100メートルにわたって陥没し、車4台がそこに転落した。

このほか各所で道路が被災したが、そのほとんどが盛り土部分であった。丘陵地の斜面を横切って、幅の広い道路を開通させようとすると、斜面の谷に当たる部分には、どうしても盛り土をしなければならない。そのようにして造成された道路が、地震の強い揺れによって崩落したのである。

釧路市東部の丘陵地帯にある住宅地では、緑ヶ岡地区を中心に、崖の先端部分に盛り土をして造成された宅地に大きな被害がでた。緑ヶ岡6丁目では、盛り土の斜面に建っていた木造2

階建ての住宅が、崩れた地盤とともに20メートルほど落下してしまった。

標茶町《しべちゃちょう》茅沼《かやぬま》温泉の別荘地では、大規模な地すべりが発生し、上に建っていた別荘３棟が倒壊、13棟が傾くなどの被害がでた。この場所は、もともと湿原の一角だったのだが、20年ほど前に温泉が掘りあてられたことから、温泉付きの別荘地として売りだされ、茅沼温泉郷と称して発展してきた土地であった。

別荘地の造成にあたっては、裏山の一部を切り取った土砂で湿原の端を埋め立てたもので、その部分が地すべりを起こしたのである。

これらの事実は、新興住宅地や湿原での盛り土造成が、いかに危険を潜在させていたかを物語っていたといえよう。

第4章　北海道南西沖地震

奥尻島を襲った大津波

釧路沖地震の半年後、平成5年（1993年）7月12日の午後10時17分、「北海道南西沖地震」が発生した。震源地は、北海道南部の渡島《おしま》半島から西へ約60キロの海底で、震源の深さは34キロ、地震の規模はM7・8であった。

この地震は、10年前の1983年に発生した「日本海中部地震」と同様、北米プレートとユーラシアプレートとの境界で発生したもので、M7・8は、日本海側で起きる地震としては最大規模であった。

この地震により、深浦、小樽、寿都《すっつ》、江差で震度5を観測した。最大の被害となった奥尻島には、当時地震観測点がなく、震度は発表されていないが、震害の模様や住民の体験談などから、参考震度6になっていたと推測されている。

地震発生の直後に、大津波が奥尻島や渡島半島の西海岸を襲い、震害とあわせて、死者・行方不明者230人をだす大災害となったのである。

地震の震源域は、南北約100キロ、東西約50キロに及んだとされているが、その後の解析から、2つの地震が相次いで発生したものと考えられている。

最初の断層破壊は、奥尻島の北西で発生、南へ向かって進行した。その約30秒後、奥尻島の近くで第2の破壊が発生した。30秒ほどの間隔をおいて、強い揺れが2回襲ってきたという住民の証言もある。

2番目の地震の震源域は、その東端がほとんど奥尻島の直下にまで達していたため、この島での震害がとくに大きく、さらに大津波が地震から約5分後に襲来したのである。

大揺れに見舞われた奥尻島では、土砂崩れが多発、建物が倒壊したり、土砂に埋まるなどの被害がでた。なかでも奥尻港に面した斜面が、高さ約120メートル、幅約200メートルにわたって崩れ落ち、ホテルとレストランが下敷きになって、宿泊客など28人が犠牲になった。

地震とともに発生した津波は、奥尻島をはじめ、渡島半島の西海岸から東北、北陸、山陰の日本海沿岸を襲い、多数の船を転覆させた。

津波による被害は、奥尻島が最大だったが、渡島半島西岸の島牧村、瀬棚町、北檜山町、大成町なども被災した。

津波に洗われた奥尻島青苗五区

奥尻島での津波災害は全島に及んだが、最も被害の大きかった南部の青苗地区は、高さ10メートルの大津波に洗われたうえ、直後に発生した火災も含めて５００棟あまりが流失または焼失した。西海岸の藻内地区では、30・5メートルという最大遡上高を記録している。

島の南端に突きでた青苗五区には、西側から10メートル、直後に東側から６～７メートルの津波が襲来し、住民の約３分の１が犠牲になった。

青苗地区は、１９８３年に起きた日本海中部地震のさい、最大５メートルの津波に襲われたため、海岸に高さ４・５メートルの防潮堤が築かれていたのだが、10メートルの津波に対してはほとんど無力であった。

震源域のほぼ真上にあった奥尻島では、地震発生から5分前後で津波が襲来したため、地震直後のとっさの判断が人びとの生死を分けた。

津波の襲来を予測して、いち早く高台へ避難した人がいる一方、車で逃げようとしたものの、渋滞に巻きこまれたために、車ごと津波にさらわれた人も少なくない。津波が来るまでには、まだ時間の余裕があると思い、ゆっくり歩いて避難をしているうちに、津波に呑まれてしまった人もいる。

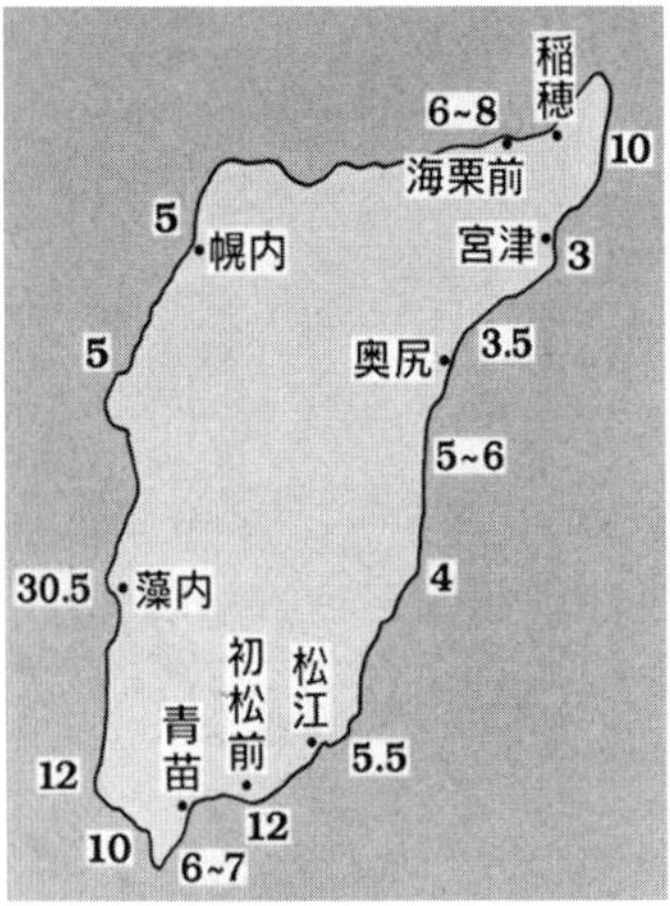

奥尻島沿岸の津波遡上高
（単位：メートル）
（都司嘉宣氏による）

間に合わなかった大津波警報

気象庁の札幌管区気象台が大津波警報を発表したのは、地震発生から5分後であった。この情報を受けて、NHKが緊急警報放送を開始したのは、午後10時24分すぎ、地震から7分あまりが経過していた。しかし奥尻島では、そのときすでに津波が島を洗っていたのである。

この地震の10年前、１９８３年5月26日に日本海中部地震が発生、青森・秋田両県の沿岸を大津波が襲い、津波だけで１００人の死者をだしていた。それまでは、「日本海側には津波は来ない」という誤った言い伝えさえあったのだが、この災害によって認識が改まったのである。このとき奥尻島でも、津波によって２人の死者がでていた。

そのため、強い地震に見舞われたとき、多くの人が迅速に避難行動を起こした。しかし、地震の発生から津波襲来までの時間が短かったことと、奥尻島には、日本海中部地震の時よりも高い津波が襲来したため、多くの犠牲者をだす結果となったのである。もし10年前の体験がなければ、犠牲者の数はさらに増えていたものと推測される。

住民アンケートの結果

災害のあと、東京大学社会情報研究所（当時）が、最も多くの犠牲者をだした青苗地区で実施した住民アンケートによると、「地震直後に津波を予想したか？」という質問に対し、「大きな被害のでる津波が来ると思った」と答えた人が39・7パーセント、「来るとは思ったが、あれほど大きいとは思わなかった」が40・2パーセントで、８割の人が津波の襲来を予想していたことがわかる。

さらに、「津波が来ると思った」と答えた人に対して、「なぜ地震直後に津波が来ると思ったのか?」とその理由を尋ねたところ、「10年前の日本海中部地震の津波を体験したから」が72・4パーセントを占めていて、日本海中部地震津波の教訓が、避難行動に活かされていたことがわかった。

また、「日本海中部地震の経験が避難行動に影響したか?」という質問に対して、「経験があったから、素早く避難できたと思う」と答えた人が52・0パーセントと半数以上を占めていた。

その一方で、「経験が災いして、まだ余裕があると思い、避難が遅れた」という人が7・4パーセントあった。これは、日本海中部地震の時は、奥尻島に津波が襲来するまで、地震発生から20分近くかかっていたため、北海道南西沖地震のときも、まだ余裕があると思い、避難が遅れたものと思われる。過去の経験がマイナスに働いた事例といえよう。

津波火災の発生

奥尻島の青苗地区では、津波襲来のあと2件の火災が発生、10メートル近い風に煽られて、たちまち燃えひろがり192棟が焼失した。漁村特有の木造家屋密集地帯だったことも、大火となった原因の1つである。

奥尻消防署の調べによると、最初の出火は地震から23分後の午後10時40分ごろ、第2の出火は午前0時30分ごろだったという。

出火原因は不明とされているが、この年は記録的な冷夏だったため、7月でも北海道の離島の夜は寒く、多くの家庭や民宿などでストーブを使っていたと思われる。そこへ強い地震が襲い、津波を予測した住民が、室内にストーブなどの火源を残したまま避難したため、津波の襲来とともに火災が発生した可能性もある。

津波と火災に見舞われた奥尻島

延焼するにつれ、プロ

パンガスのボンベや家庭用の燃料タンクなどが次々と爆発を繰り返した。しかも、津波の運んできた瓦礫が消火活動を阻み、手のつけられない状態となったため、最終的には破壊消防が行われて、延焼の拡大を食い止めたという。火災が鎮火したのは、出火から11時間後のことであった。まさに奥尻島青苗地区は、大津波と延焼火災という二重の災害に見舞われたことになる。

こうした津波火災は、第15章で取り上げる「東北地方太平洋沖地震（東日本大震災）」のさいにも発生して、防災上の大きな課題となっている。

第5章　三陸はるか沖地震

三陸沖でM7・6

平成6年（1994年）12月28日の午後9時19分、青森県八戸市の東方約180キロのごく浅い所を震源としてM7・6の地震が発生した。この地震に対して、気象庁は「平成6年三陸はるか沖地震」と命名している。各地の震度は、青森県の八戸で震度6、むつ、青森、盛岡で震度5であった。

海底下の地震であったから、津波も発生し、八戸市や岩手県宮古市などで、最大55センチの津波が観測されたが、地震の規模のわりには津波は小さかった。

本震後3日間の余震分布を見ると、余震域は本震の震源付近から西へ、東西150キロあまり、南北50キロ前後に広がっていた。海底下の断層破壊は、東から西へと進行し、その間ほぼ30秒ぐらいだったと推定されている。

八戸市の被害

自治省消防庁（当時）の調べによると、人的被害は死者3人、負傷者788人にのぼるとともに、住家の全壊72棟、半壊429棟、道路の損壊102か所を数えた。

建物などへの被害は、震度6を観測した八戸市の中心部に集中しており、とくに3〜4階建ての鉄筋コンクリート造りのビルの被害が目立った。

市内朔日《ついたち》町にあるパチンコ店「ダイエー」では、1階部分が上下に圧縮されたように潰れ、高さ4メートルだった1階の天井が、地震後には2・5メートルになってしまった。そのため、鉄筋コンクリートの柱が横にふくらんで、中から鉄筋がはみだし、遊戯中の2人が、ふくらんだ柱や鉄筋とパチンコ台とのあいだに挟まれて死亡した。

八戸東高校の古い校舎も、いたる所で柱が壊れたり、剥げ落ちたりした。校舎の1階部分が上下に押しひしがれた所もあったが、地震の発生が夜間だったため、生徒が不在だったことはせめてもの幸いであった。

八戸市役所の旧庁舎も、壁や柱に亀裂が入り、多くの窓ガラスが割れるなどの被害がでた。

八戸港の埋立地では、地盤の液状化も発生、噴砂現象とともに、地表には亀裂や陥没が多数見られた。

１階が潰れ２人の死者がでたパチンコ店

ライフラインの被害も甚大で、上水道の断水が約4万2,０００棟、停電が約7万6,０００棟、都市ガスの供給停止が１７７棟を数え、市民生活に多大な影響をもたらした。

また10か所のビルで、天井のスプリンクラーが壊れて出水する事態となった。とくにデパートの「三春屋」では、３階から5階までのスプリンクラー計30個が壊れ、噴きだした水が、エスカレーターを伝って地下の食品売り場に流れこみ、正月用の食品が水びたしになるという被害に見舞われた。大量の水を、バキュームカーを使い排水しなければならなかったという。この出水は、スプリンクラーの先端部を抑えているヘッドが、地震の強い揺れで横にずれたために出水したものと見られている。

このデパートでは、スプリンクラーから異常出水が起きた場合、緊急に水を止めるためのコックが、各階ごとに設置されていたのだが、地震の起きたとき、誰もコックを閉めることはしなかった。宿直の警備担当者が、その手順を把握していなかったものと思われる。

この地震のさい、建物などに大きな被害が目立ったのは、おもに洪積台地の上であって、河川の下流域から海岸にかけての沖積平野では、被害はほとんどないか比較的軽微であった。

八戸の市街地は、比高20メートルほどの台地上に発達しているが、そこでの揺れがきわめて強く、市役所新館に設置されていた強震計の記録では、最大加速度が、5階で979ガルとほぼ1Gを記録していた。被災した八戸東高校もパチンコ店も、みなこの台地の上に存在していたのである。

一般に台地の上は、沖積平野に比べると、比較的地震に強いとされているが、三陸はるか沖地震による八戸市の被害は、その常識をくつがえすものであった。

いくつかの資料によると、八戸の台地の上は、過去たびたび人手が加えられてきたようである。市役所の庁舎は、そのほぼ半分が、かつてあった城郭の堀を埋め立てた所に立地していたといわれているし、八戸東高校も、溜め池の跡地に建てられていたという。つまり、町が発展する途上で、人工的な地盤環境の改変が行われ、地震に対する脆弱性が増していたと見ることができよう。

家庭内での負傷者

この地震ではまた、家庭内で怪我をした人が多かった。八戸市地域広域消防本部のまとめによると、八戸市内外の32の医療機関にかけつけた２９２人について調べたところ、器物の落下によって怪我をした人が69人（23・6パーセント）で、落下物としては、テレビ、ラジオ、時計、額縁、金魚鉢などが挙げられている。床に散乱したガラスや食器の破片などを踏みつけて負傷した人は64人（21・9パーセント）、箪笥や本棚など家具が倒れて怪我をした人が51人（17・5パーセント）であった。

火傷を負った人は37人（12・7パーセント）を数えたが、そのなかには熱したストーブに手をついてしまった人、ストーブの火を消そうとして、上に乗っていた薬缶や鍋が転倒したために火傷を負った人が少なくない。

そのほか、転倒した家具の下敷きになって腕を骨折するなど、負傷した人は25人（8・6パーセント）を数えた。

このように、平成６年の年末に発生した三陸はるか沖地震は、甚大な被害を生じたのだが、振り返ってみると、この地震の20日後、平成7年（1995年）1月17日に兵庫県南部地震（阪神・淡路大震災）が発生して、社会の関心が阪神地区の大規模災害に集中したため、やや忘れられた災害になってしまったことは否めない。

第6章　兵庫県南部地震（阪神・淡路大震災）

震度7の衝撃

平成7年（1995年）1月17日の早朝5時46分、神戸市を中心とする阪神地域は突然の激震に見舞われた。「兵庫県南部地震」と命名されたこの地震は、六甲・淡路島断層帯の一部が活動して起こしたもので、規模はM7・3であった。

淡路島の北西岸に沿って走る野島断層上に、長さ10キロあまりにわたって地表地震断層が出現した。断層は右横ずれで、最大変位量は、横ずれ250センチ、縦ずれ120センチに達している。

このように、地表に地震断層を出現させるような地震は、震源が浅いため、地表は激甚な揺れに見舞われることになる。

本州側では、地震断層は出現しなかったものの、余震の分布や被害状況などから、六甲山地と、神戸・芦屋・西宮など大都市のある平野とのあいだを走る六甲断層系の活断層が活動したものとされている。

大都市の直下を震源とする地震であったから、激甚な揺れによって大災害となった。震度7の激震域が、神戸市須磨区から西宮市にかけて、長さ約20キロ、幅約1キロの帯状に分布したため、「震災の帯」とも呼ばれた。また、宝塚市の一部や淡路島の北淡《ほくだん》町（現・淡路市北淡）でも震度7を観測した。

かつて大災害をもたらした1948年の福井地震を契機に、翌年〝7〟という震度階が新たに設定されてから、震度7が適用されたのは、これが初めてのことであった。

また、〝活断層〟という用語が、放送や新聞などを通じて、一挙に広まった地震でもあった。

都市型複合災害

阪神・淡路大震災では、地震時に想定されるあらゆるタイプの災害が、津波災害を除いて発生した。木造家屋をはじめ、鉄骨・鉄筋造りのビルの倒壊、水道・電気・都市ガスなど、ライフラインの断絶、橋梁など土木構造物の被害、広域火災の発生、埋立地などでの液状化災害、六甲山地での土砂災害など、壊滅的ともいえる都市の複合災害の様相を呈したのである。

被災地全体で、死者6、434人、行方不明者3人、住家の全壊が約10万5、000棟、全半

淡路島北部に出現した地表地震断層

焼7、000棟あまりを数えた。地震の発生が早朝であったため、死者の多くが自宅にいて、木造家屋が瞬時に倒壊したことによる圧死や窒息死であった。

地震計の記録を見ると、強烈な揺れが襲ってきたのは、わずか10秒あまりであった。「10秒ですべてが終わった」とさえいわれている。

木造家屋では、1階部分が2階に押しつぶされて2階だけが残ったもの、2階が横すべりして、道路をふさいでしまったもの、2階もろとも破壊され、屋根だけが辛うじて残ったものなどが目立った。そのためか、普段は生活上の安全性や便利さを考えて、1階で就寝していた高齢者が多数犠牲になっている。

倒壊した家屋のなかには、戦後すぐ建築され老朽化したものが多かった。筋交いの入っていない家屋も少なくなかった。そのうえ、１９３４年の室戸台風など、台風災害にしばしば見舞われてきた関西では、台風時に屋根が飛ばされないよう瓦葺きにし、しかも瓦の下に土を敷きつめてあるため、屋根がたいへん重い構造になっている家屋も少なくなかった。さまざまな面で、地震の激しい揺れに対して脆い性質を備えていたといえよう。

鉄骨・鉄筋コンクリート造りのビルも、多数倒壊あるいは損壊した。とくに、10階建て前後のオフィスビルやマンションなどで、５～６階あたりの中間階が押しつぶされたものが目立った。また１階部分が潰れたビルも多く、とくに１階が店舗や駐車場になっていて壁が少ないため、支える柱が強い揺れに耐えきれず、剪断破壊を起こし潰れてしまったものも少なくなかった。

一方では、山陽新幹線の橋桁が8か所で落下した。地震の発生が早朝の5時46分だったため、まだ新幹線の列車は走行していなかった。もし地震が30分ほど後に発生していたなら、橋桁の落下した箇所に、時速２００キロ前後で列車がさしかかっていたに違いない。ＪＲにとっては幸運だったといえよう。

また、もし地震がもう少し遅く、通勤時間帯に発生していたなら、６３５メートルにわたって横転した阪神高速道路には、多数の車がひしめいていたと思われる。

広域火災の発生

神戸市を中心にして広域的な火災が発生した。建物火災は、兵庫県だけでも２２８件に及んでおり、火災による死者は５５９人を数えている。とりわけ、木造家屋の倒壊が目立った神戸市長田区、灘区、東灘区などでの出火が多かった。同時多発火災だったため、既存の消防力では対応できず、しかも水道管の損傷による断水のため、消火用の水を確保できなかったことが、延焼を食い止められなかった主な原因である。

焼失面積が最大だった長田区では、ケミカルシューズなど、ゴム関連の製造工場が、古い木造家屋群と混在しており、しかも住民の高齢化率が高く、このような市街地の環境が、延焼を拡大する原因になっていたともいわれている。

また、地震から数時間後、あるいは翌日以降に発生した火災も多かった。真冬の朝だったため、多くの家庭で電気ストーブなどの暖房器具が使われていた。激しい揺れによって家が壊れかかり、電気ストーブの上にカーテンなどの可燃物が覆いかぶさったまま、家人は避難。このときは停電によってストーブは消えていたのだが、電力が回復して通電が開始された途端に、電気ストーブから出火した事例などが多かった。〝通電火災〟という用語も生まれ、防災関係者にとっては、まさに盲点の災害となったのである。

液状化災害と土砂災害

この大震災では、沿岸地域を中心に、地盤の液状化による被害も多発した。神戸港では、岸壁が海側にせりだしたり、地盤の沈下や陥没が発生したりして、港湾の機能に支障をきたした。神戸港全体で、約80パーセントの岸壁が全半壊し、日本最大の貿易港としての機能が麻痺してしまった。

人工島であるポートアイランドや六甲アイランドでは、大規模な液状化によって、砂まじりの水が大量に噴きだされ、地震直後には、あたかも洪水に見舞われたかのような状況になっていた。水が引いてからは、噴きだした砂が地表を覆い、風に舞って視界をさえぎるほどだったという。

液状化により地盤が沈下したため、建物と地表とのあいだに段差を生じた箇所も多かった。地盤の沈下量は、平均50センチ前後、最大1メートルにも達していた。

地震に伴う土砂災害も多発した。西宮市仁川地区では、浄水場わきの斜面が崩壊、住宅12棟

多くの死者を招いた木造家屋の倒壊

が土砂に埋まって34人が犠牲になった。

住吉川の上流にあたる神戸市東灘区の西岡本地区では、地震の直後に地すべりが発生、住宅十数棟が全半壊して住民が避難する事態となった。

そのほか、六甲山地の各所で斜面崩壊や地すべりが多発し、一部は住宅地に深刻な被害を及ぼした。

地震後に行われた調査によれば、約４５０か所で地割れや地すべり、崩壊箇所などが見つかっている。また、人家などがすぐ近くにあって、緊急に対策を要する箇所が70か所以上もあった。神戸市の鶴甲《つるかぶと》地区では、老人ホームのすぐわきで地すべりが発生し、すべり面がはっきりと現れていたことを記憶している。

そもそも六甲山地は、花崗岩の風化土壌（マサ土）が地表を覆っていて、大雨によっても地震によっても、崩れやすいという性質がある。

しかも六甲山地の南斜面では、都市周辺開発の進展とともに、住宅地が上へ上へと山腹を這い上がってきていた。その歴史を振り返ってみると、１９３６年ごろには、標高40メートルまでが居住地域だったのが、１９５５年には標高２３０メートル、そして阪神・淡路大震災に見舞われた１９９５年には、標高３４０メートルにまで達していた。まさに危険と隣合わせの住環境が、経済発展とともに形成されてきたといえよう。

建築物の被害と耐震基準

阪神・淡路大震災で多くの人命を奪ったのは、木造家屋の倒壊だったが、その原因については、いくつかの要素が挙げられる。

一つには、戦後すぐに建てられ、老朽化した家屋の多かったこと。その中には、耐震性を高めるための筋交いが入っていないものも少なくなかった。また、土台をシロアリに蚕食され、弱体化していた家屋もあった。これは住宅の維持管理の問題でもある。

また前述のように、屋根瓦の下に土を敷きつめてある家屋が多く、その結果、屋根全体がた

１階が潰れたオフィスビル

いへん重くなっていた。

これらはいずれも、地震の強い揺れに対して、脆い性質を備えていたものといえよう。

一方、鉄筋コンクリート造りのビルでは、５、６階あたりの中間階の潰れた建物が目立った。また、１階部分が完全に潰れたビルも多かった。とくに、１階が駐車場や店舗になっていて、壁が少ないため、建物全体を支えていた柱が破壊されて倒壊したものも少なくない。

これら建築物の耐震基準は、１９５０年に制定された建築基準法の施行令にもとづいて定められており、その後、１９６８年の十勝沖地震、１９７８年の宮城県沖地震を受けて、それぞれ３年後の１９７１年と１９８１年の２回にわたり改正されてきた。

1971年の改正では、鉄筋コンクリートの柱の強化、1981年の改正では、壁の増量や土台の強化などによって、建物の耐震性を高めるよう義務づけられてきた。

しかし、阪神・淡路大震災で倒壊した建物のほとんどが、2回目の改正である1981年6月以前に建てられた、いわゆる〝既存不適格〟の建築物であった。

一方、新しい耐震基準で設計・施工された建物のうち、倒壊あるいは大破したものは、全体の0・2パーセント程度だったという。

地形は警告していた！

阪神・淡路大震災に見舞われるまで、阪神地域の大多数の人は、「関西には大地震は来ない」と思いこんでいた節がある。震災のあと、「まさかこんな大地震に遭遇するとは――」という声を、よく耳にした記憶がある。

しかし、この地域をめぐる地形の生成過程を振り返ってみると、ここが決して地震とは無縁ではなかったことがわかる。

神戸～芦屋～西宮など大都市の背後にそびえる六甲山地は、なぜ〝山〟になったのだろうか。この山地を構成している花崗岩は、大昔に地下深い所でマグマが固結してできた岩石である。

それが今、標高1、000メートル近い山地になるためには、それだけの隆起をしなければならない。

そのような隆起は、一つには、花崗岩質のマグマが周辺と比べて軽いため、浮力によって隆起してきたことと、もう一つは、大地震の繰り返しによって隆起してきたことである。

六甲山地と神戸市などを乗せた平野とのあいだには、六甲断層系の活断層が複数走っている。つまり、大昔からこれらの活断層が動いては地震を起こすたびに、山地の側が少しずつ隆起して、その累積によって現在の地形が形成されてきたといえよう。

しかも近年、これらの活断層が動いて顕著な地震を発生させた事例は知られていなかった。ということは、次の地震の起きる〝時〟が、確実に近づいていると見ておかなければならなかったのである。

まさに自然は、危険の潜在性を明確に示していたのだが、こうした自然の発する無言の警告を、人間の側が見落としていたということができよう。

第7章　有珠山の2000年噴火

地震頻発と住民避難

平成12年（2000年）3月31日、北海道・有珠山が噴火を開始した。噴火が始まったのは、有珠山の山頂ではなく、西側の山麓であった。

有珠山では、3月27日から火山性地震が頻発しはじめ、28日、29日と地震活動は次第に激しくなっていった。27日から29日午前0時までに、有感地震は68回を数えた。29日になると、地震活動は一段と活発化し、午前8時から9時までの1時間に70回の有感地震を記録した。さらに29日の夕方から深夜にかけては、午後5時22分のM4・1をはじめとして、震度5弱の揺れを3回観測している。一方、マグマの動きと深く関わっているとされる低周波地震も、増加傾向にあった。

過去の事例から、有珠山では、噴火の発生する前に火山性地震の頻発することが知られている。地震活動が半年間続いた1つの事例を除いて、地震が1日~10日間続いたあと噴火が発生している。つまり有珠山の場合は、地震⇓噴火という方程式が成り立っているのである。

地震活動の活発化を受けて、火山噴火予知連絡会は、3月29日、拡大幹事会を開き、「今後数日以内に噴火の発生する可能性が高く、火山活動に対する警戒を強める必要がある」との見解を発表した。

これを受けて気象庁は、29日午前11時10分、同じ内容の「緊急火山情報」を発表した。火山が噴火する前に緊急火山情報が発表されたのは初めてのことであった。

発表を受けて、有珠山周辺の自治体である伊達市、壮瞥《そうべつ》町、虻田町では、29日午後、危険地区の住民に対して、災害対策基本法に基づく避難勧告を発令した。さらに午後6時30分には、避難勧告を避難指示に切りかえ、住民の避難を徹底させた。この避難勧告・指示は、有珠山周辺の自治体が1995年に作成していたハザードマップに基づいて実施されたものである。

火山が噴火する前に、危険地区の住民の避難が完了していたのも、日本では初めての事例であり、防災上画期的な出来事であった。

差し迫った噴火の前兆

3月30日に入ると、M4・0をこえる大粒の地震が目立ちはじめ、地震活動はますます活発

３月31日のマグマ水蒸気噴火（北海道開発局提供）

化していった。

　また、ヘリコプターによる観察から、山頂北西側の外輪山である北屏風山の斜面に、多数の断層や地割れの走っていることがわかった。長さ１００メートル以上に達する断層も認められたという。

　有珠山北麓の洞爺湖温泉から壮瞥温泉にかけても、地割れや道路のひび割れが発生しており、電線がたるんだりしていることも明らかになった。

　一方、国土地理院のＧＰＳ観測によって、伊達市・壮瞥町・虻田町の各観測点間の距離が、28日午後から30日午前０時にかけて、約１センチ伸びていることも判明した。

　これらの現象は、マグマが地表近くにまで

上昇してきて、地表面を膨らませていることを意味していた。

このような地殻変動が確認されたことから、気象庁は、3月30日午後1時20分、緊急火山情報第2号を発表して注意を呼びかけている。

頻発する地震の震源や地表の亀裂などが、有珠山の西側に集中していることから、虻田町は午後2時30分、避難指示区域を洞爺湖西側の湖畔にまで拡大した。この時点で、避難者の総数は約1万6、000人に達することになった。

ついに噴火が発生

3月31日、地表の断層やひび割れはますます拡大し、洞爺湖温泉街から虻田へ抜ける国道230号線にも、新たな亀裂が見つかった。

午前11時50分、気象庁は3回目の緊急火山情報を発表して、厳重な注意を呼びかけた。それから1時間あまり経った午後1時10分ごろ、有珠山はついに噴火を開始したのである。噴火地点は、有珠山の西麓にあたる西山附近であった。断続的に爆発を繰り返し、この時点で少なくとも5つの火口が確認された。

噴煙は、約3、200メートルにまで上昇し、大量の噴石や火山灰を周辺に降下させた。

地盤の変動による菓子工場の被害

その後の火山灰の分析によって、少量のマグマ物質が混在していたことが明らかになり、この噴火は、マグマが直接地下水に触れて発生した〝マグマ水蒸気噴火〟であったとされている。

翌４月１日の正午前、新たな地点から噴火が始まった。有珠山の北西山麓にある金比羅《こんぴら》山の山腹から噴煙が上がり、噴出物が周辺に降りそそいだ。新しい噴火地点は、洞爺湖温泉街のすぐ裏側にあたっていて、最も近い民家から、わずか１００メートルの位置であった。

しかも噴火口から大量の熱泥流が流れだし、洞爺湖温泉街へと流下した。そのため、温泉街の一部の建物が泥流堆積物に覆われるとともに、泥流の激しい勢いによって、西山川にかかる国道の橋が流されるなどの事態となった。

それ以後、噴火は西山と金比羅山の2か所の火口群から断続的に発生し、次々と新たな火口を生じ、4月下旬には、火口の数は70前後に達した。西山山麓では、国道230号線の真上にも火口が開いた。国道の上に新しく火口が生じたのは、日本でも初めてのことであった。

また、地下のマグマの上昇に伴い、地盤が変形して、無数の断層が地表に出現した。そのため、多くの建物が崩れたり傾いたりするとともに、道路や鉄道、上下水道なども被災して、周辺の地表は荒廃に帰してしまった。JR室蘭本線の線路も、路盤の隆起や線路の屈曲などの被害を生じた。

このように、山麓の各所に深刻な被害をもたらした有珠山の噴火活動も、6月ごろから終息へと向かいはじめた。

7月10日には、火山噴火予知連絡会が、「深部からのマグマの供給はほぼ停止しており、一連の活動は終息に向かっている」と発表した。さらに8月10日には、「西山山麓を中心とする隆起など、地殻変動はほぼ停止状態にある」と発表した。

危険と隣合わせの温泉街

2000年の噴火以前、有珠山には7回の噴火記録がある。7回のうち5回は山頂噴火、2

洞爺湖温泉街

回は山麓での噴火であった。また、江戸時代に発生した4回の山頂噴火のうち3回は、山頂から火砕流を発生させている。とくに１８２２年（文政５年）の噴火では、火砕流によって82人の犠牲者がでている。

いま有珠山北麓にある洞爺湖温泉街は、年間３００万人あまりの観光客で賑わう北海道有数の観光地になっている。

もとをたずねてみると、この温泉街は、１９１０年（明治43年）に起きた有珠山噴火のあと、大正年間に温泉の湧出が見つかったことから、当初はひなびた温泉場だったのが、戦後の経済発展とともに、一大温泉観光地として発展してきたものである。

上の写真は、２０００年噴火のさい、筆者がヘリコプターの上から撮影した温泉街の映像だが、これを見てもわかるとおり、有珠山頂の溶岩ドーム群から2キロ前後という、あまりにも近い所に温泉街の立地していることが理解できよう。しかも2000年には、温泉街のすぐ背後で噴火が発生したのである。

火山の火口からこれほど近い位置に、一つの町が発達していることは、世界でも他に例がない。ひとたび火山が噴火すれば、当然のことながら、重大な事態に直面するような所に、温泉観光地が開けていることになる。言いかえれば、この温泉街は、危険と隣合わせの存在ということができる。

温泉という火山の恵みによって発展してきた町が、一方では火山噴火の脅威にさらされているといえよう。それだけに洞爺湖温泉街は、将来にわたって、有珠山という活火山と、いかに共生していくかが問われているのである。

第8章　三宅島の2000年噴火

海底噴火の発生

伊豆諸島の三宅島では、平成12年（2000年）6月26日の午後6時半ごろから、突然火山性の地震が増えはじめ、傾斜計のデータも、地下からのマグマの上昇を示していたため、午後7時33分、気象庁は「緊急火山情報」を発表して厳重な警戒を呼びかけた。

これを受けて三宅村は、午後8時45分に対策本部を設置し、阿古・坪田・三池の3地区の住民を対象に避難勧告を発令した。

翌27日の朝、三宅島の西の沖合で、海水の変色していることが、航空機により発見され、海底で噴火が発生したことを示すものと判断された。

海底とはいっても、これは三宅島の山腹からの噴火である。というのは、三宅島は海底から見れば、高さ1、800メートルあまりの活火山であって、その上部800メートルほどが海面上に姿を現しているにすぎないからである。したがって、〝海底噴火〟とはいうものの、まさに火山の中腹で噴火が始まったことを意味していたことになる。

海底噴火の発生後、地震の震源はさらに西の沖合へと移動し、傾斜計のデータも落ち着きを取りもどした。GPS観測によっても、地殻変動は鈍化しつつあることが明らかになったため、マグマは西方海域に移動したものと判断された。

6月29日、火山噴火予知連絡会は、「火山活動は低下しつつあり、今後、陸上や海面に影響を及ぼすような噴火の可能性は、ほとんどなくなった」とする統一見解を発表した。これを受けて三宅村は、島西部に出していた避難勧告を、いったん解除するにいたったのである。

山頂噴火と島外避難

三宅島の火山活動が一段落したと思われていた矢先の7月4日ごろから、雄山の山頂直下で地震が発生しはじめ、次第に増加してきた。そして、7月8日の午後6時41分に山頂噴火が発生したのである。

翌朝になると、雄山の山頂部が直径1キロほど陥没していることが明らかになった。

山頂噴火は、盛衰を繰り返しながら断続的に発生し、8月10日には、噴煙柱が約8、000メートルの高さに達する噴火が発生、さらに8月18日の午後5時すぎ、最大規模の山頂噴火が発生したのである。このときは、噴煙柱が成層圏にまで達し、島内全域に噴石や火山灰を降下させている。

その後、８月29日の噴火では、低温の火砕流が北東側と南西側の斜面を流下した。火砕流は30℃前後の低温だったが、〝火砕流〟という言葉は、１９９１年に多数の犠牲者をだした雲仙普賢岳の高温火砕流を思いださせた。

この事態を受けて、東京都と三宅村は９月１日、防災関係者を除く全島民に対して島外避難を指示し、９月２日から４日にかけて、島民の避難が完了した。

一方、雄山山頂部の陥没は進み、最終的には５００メートル以上も陥没して、小規模のカルデラを形成するにいたった。

雄山山頂に生じた小規模カルデラ

火山ガスを大量放出

そのうえ、山頂火口の陥没とともに、二酸化硫黄を主成分とする火山ガスの大量放出が始まった。２０００年９月から12月までのピーク時には、火山ガスの放出量は、１日あたり

3万～5万トンにも達していた。

二酸化硫黄は毒性が強く、とりわけ喘息など呼吸器に疾患のある人にとっては、きわめて危険なガスである。大量のガス放出が、本土に避難した島民の帰島を妨げたことはいうまでもない。

ガスの放出量は、その後減少しつつも長期にわたり放出が続いた。2002年には1日あたり3,000～1万トン程度、2004年には1日2,000～5,000トンの放出が観測されている。

火山ガスにより枯死した森林

大量の火山ガスが、これほど長期にわたって放出されることは、世界の火山観測史上初めてのことであった。その原因としては、山頂が大きく陥没したために、火口底と地下のマグマとの距離が近くなり、ガスを大量に含んだマグマが上昇してきてはガスを放出したあと、重くなって沈むと、また新たなマグマが地下から上昇してくる。いわば対流活動を起こして、次々と新しいマグマが上昇してくるため、ガスの放出が長期間止まらなかったものと考えられている。
しかし、火山ガスの放出が完全に治まるまで待っていたのでは、島外避難をしている人びとは島へ帰ることができない。そこで三宅村では、さまざまな安全対策を講じたうえで、２００５年２月１日に避難指示を解除することになった。村民にとっては、実に４年半ぶりの帰島であった。

泥流に埋もれた椎取神社

泥流の発生と対策

三宅島では、噴火が発生してから、泥流対策が喫緊の課題となっていた。

山頂噴火によって降りそそいだ大量の噴出物が斜面に堆積し、大雨が降るたびに流出しては、泥流となって家屋を襲い、道路を損壊させていた。泥流の直撃によって全半壊、または一部損壊した家屋は、２０１２年４月には33棟に達していた。

泥流は島のほとんどすべての沢で発生した。ふだんは水の流れていない沢でも、ひとたび泥流が発生すると、その力で沢を浸食したうえ、深く掘り下げたために、地形がすっかり変貌してしまうという事態になった。島の北側にある農業用ダムも、泥流堆積物で完全に埋まってしまった。

一方、山頂部周辺の森林は、火山ガスによって枯死しており、あたかも木々の墓場のような景観を呈していた。その結果、森林の保水能力が失われ、以後の大雨により、泥流が発生しやすい状況になってしまったのである。

以後、三宅島では将来の泥流災害に備えて、砂防堰堤や床固め工など砂防施設の建設が積極的に進められ、現在にいたっている。

三宅島は日本の火山のなかでも、活動頻度の高い活火山である。昭和以降の噴火を振り返ってみても、1940年、1962年、1983年、2000年と、平均約20年前後の間隔で噴火を繰り返している。

1983年の噴火では、山腹に開いた火口から流出した溶岩流が、阿古の集落をほとんど埋没してしまうという災害をもたらした。

平均20年前後の活動間隔ということは、2021年現在、すでに次の噴火を迎える時期に入っていると見ておかなければならないのである。

第9章　十勝沖地震

海溝型地震の発生

平成15年（２００３年）９月26日午前４時50分ごろ、北海道・釧路沖を震源とする強い地震が発生、幕別町、釧路町、新冠《にいかっぷ》町、浦河町、静内町などで震度６弱、釧路市、帯広市、別海町、広尾町、足寄《あしょろ》町などで震度５強を観測した。

この地震を受けて、気象庁は北海道の沿岸東部と中部に津波警報を発令した。地震の規模はＭ８・０、震源の深さは約42キロと発表されている。この地震に対して、気象庁は「平成15年（２００３年）十勝沖地震」と命名した。

この地震は、沈みこんでいる太平洋プレートと、北海道を乗せている北米プレートとの境界で発生した海溝型の巨大地震であった。

ＧＰＳ観測によれば、地震に伴い、北海道の広い範囲で地殻変動が観測された。とくに襟裳岬周辺では、地殻が南東〜東に大きく移動しており、えりも町の電子基準点が約90センチ南東方向に移動するとともに、約20センチ沈降したことが判明した。

また震源断層は、長さ約86キロ、幅約83キロ、南東から北西に傾き下がる低角逆断層（傾斜角22度）で、北西側が南東側に乗り上げたかたちで、約5メートルずれたことが明らかになった。

この地震は、1952年3月の十勝沖地震（M8・2）の震源とほぼ同じ所で発生したM8クラスの巨大地震であり、地震の規模や震源の位置、発震機構などから、政府の地震調査委員会が想定してきたM8クラスの十勝沖の地震であると考えられた。

地震動による災害

M8・0という巨大地震のわりには、幸い大規模な災害にはならなかったものの、人的被害としては、十勝川の河口付近で釣りをしていた1人が、津波にさらわれて死亡、他の1人が行方不明になっている。負傷者は849人、住家の全壊116棟であった。

釧路空港では、管制塔の天井が崩れて管制業務が停止、ターミナルビルでも、無数の天井板が崩れて床に散乱した。もし搭乗客が待ち合わせている日中であったなら、多くの負傷者がでていた可能性がある。

液状化により流出した地下水

ＪＲでは、根室本線を走る特急「まりも」が、直別《ちょくべつ》駅構内で脱線したほか、線路の陥没や築堤の崩壊、橋梁の橋桁が破損するなどの被害がでた。道路も各所で亀裂を生じたり、盛り土部分が崩壊するなどして、多大な交通障害をもたらした。

道路橋にも各所で被害が生じ、十勝川にかかる十勝河口橋では、橋桁が最大で70センチも横ずれを起こしたり、段差が生じたりしたため、10日間ほど通行止めの措置が講じられた。

河川堤防の損壊も著しく、とくに十勝川やその支川での被害が目立った。十勝川の本川では、両岸の堤防が、天端部分の縦断亀裂や堤外での液状化現象、堤防のすべり破壊や護岸の沈下など、延長22キロ以上にもわたって被災した。

筆者が地震の5日後に現地を訪れたときには、雨水による亀裂の拡大を防ぐため、堤防の損壊部にブルーシートが一斉にかけられていた。これほど長距離にわたる河川堤防の地震被害を見たのは初めてである。

もし多雨期を前にしての地震であったなら、事態はさらに深刻の度を深めていたにちがいない。たとえば、同年8月のはじめ、日高地方を中心に大きな被害をもたらした台風10号のときのような大雨が降れば、地震でゆるんだ堤防は危機的な状況に陥っていたであろう。

　地盤の液状化現象も、河川の流域や十勝港、大津漁港など港湾地帯で著しく、港の岸壁に段差や亀裂を生じたり、道路が沈下するなどの被害が目立った。マンホールのような構造物が抜け上がった例も少なくない。

ナフサ貯蔵タンクの火災

　火災は4件発生した。地震の当日、苫小牧市の出光興産北海道製油所の屋外タンクで火災が発生、また付近の配管からも油が漏れて火災が起きたが、7時間後には鎮火した。そのほか音《おと》更《ふけ》町では、亜鉛のメッキ工場で高温の亜鉛が流出し、付近の雑品などが焼損した。石狩市でも、メッキ工場のメッキ釜から亜鉛メッキ溶剤が流れだし、電気配線の一部が焼損した。

　地震から2日後の9月28日、出光興産北海道製油所のナフサ貯蔵タンクの一つから、新たな火災が発生した。タンクには、ナフサ約2万6、000リットルが貯蔵されていた。この火災は、タンク全体から火炎が噴きだす〝タンク全面火災〟となり、全国から取り寄せた大量の化学消

ナフサ貯蔵タンクの火災

火剤が投入されたものの、火の勢いは容易に衰えることなく、翌29日には、タンクの外壁も一部倒壊するなど危険な状態となったが、懸命の消火活動の結果、出火から44時間後にようやく鎮火するにいたった。

この災害に対する出光興産側の対応もきびしく問われた。

製油所では、地震の揺れによって、８つのタンクで蓋が傾き、中のナフサが直接空気に触れる状態になった。油漏れなどが発生したときには、「石油コンビナート等災害防止法」により、消防機関に報告する義務が課せられているが、出光興産は報告を怠っていた。

引火を防ぐ措置も不十分であった。ナフサは揮発性が高く、また常温でもわずかなきっかけで引火する性質をもっている。そのため出光興産では、化学消火剤でナフサの表面を覆い、引火を防ぐ措置を取りはじめたのだが、強風によって消火剤が飛ばされ、すべてを覆いつくせる状況にはならなかった。こうした危険な状態に陥っていることについても、会社側は消防に通知していなかった。

そしてついにタンクの一つから出火し、タンク全面火災となったのである。超大型の化学消火車2台が投入され、大量の消火剤が浴びせられたのだが、強い浜風と猛烈な熱風によって、消火剤がタンクに届かず、結局鎮火までに44時間を要したのである。

この長時間火災により、苫小牧の市民生活にもさまざまな影響がでた。市内には煤が降りそそいで家屋や車が汚され、学校では、多くの子どもたちが目の痛みや吐き気などを訴えた。

しかし、鎮火のあと記者会見をした出光興産の社長は、「基本的には天災と思う。地震がなければ、こんなことは起こらなかった」という趣旨の発言をしている。

人災的要素のきわめて大きいこの火災を、〝地震〟という自然現象に転嫁させようとする発言には、唖然とせざるをえなかった記憶がある。

津波の挙動

十勝沖地震による津波の波高は、地震後の調査により、襟裳岬付近で、最大4メートルに達していた。釧路から広尾までの沿岸で、2メートルから3・5メートル前後の波高であったことが、津波の痕跡調査から明らかになっている。

地震当日の朝、広尾町の十勝港では、津波の第1波がひたひたと岸壁を洗う状況が、テレビの中継画面に映しだされていた。浸水した岸壁の上を、何台もの車が水しぶきを上げて逃げだす姿も目撃された。人の歩く姿も見られた。考えてみれば、これはきわめて危険な行動である。もしも、より大きな第2波が襲ってくれば、人も車もたちまち呑みこまれてしまったであろう。現実に、岸壁に駐車していた数台の車が海に流されていったが、幸いどの車も無人であった。

津波警報を聞いて、多くの漁船が沖合へと避難していく状況も見られた。漁民にとって、船は財産である。沖に出れば、津波から免れることができるというのは、漁民のあいだでは常識になっている。水深200メートルのところまで船を出せば、安全だともいわれる。

しかし過去には、港から船を出そうとして間に合わず、津波に流されて死亡した例もある。日本海側のように、地震の発生から短時間（5～7分）で津波が襲来する場合は、こうした行動が危険を伴う可能性が高い。

十勝沖地震による津波では、2人の死者・行方不明者のほか、一部の漁船が陸に打ち上げられるなどの被害がでたが、M8・0という地震の規模のわりには、大規模な津波災害は発生しなかった。これは、地震の震源がやや深かったことと、震源域の水深が比較的浅かったことによるものと考えられる。

津波は、地震による海底地形の変動が、生きうつしに海面に伝わり、海面が上下することによって発生するのだから、海底から海面までの海水の量が多いほど、津波の規模は大きくなる。反対に、水深が浅くて、動かされる海水の量が少なければ、それほどの大津波とはならない。十勝沖地震は、後者の例であったと考えられる。

自治体の津波対応

津波警報が発令されたあと、対象地域の市町村がどのように対応したかについても、かなりのバラツキがあった。ただちに避難勧告を行い、防災無線で繰り返し注意を呼びかけた町もあれば、避難勧告はださず、自主的な避難にまかせた町もあった。

津波は大量死を招く現象であるから、警報が発令されたなら、対象地域の自治体は、ただちに住民や観光客に対する避難の呼びかけを行う義務がある。このときの沿岸自治体の対応については、一部ではあるが、反省すべき点が少なからずあったように思われる。

第10章　新潟県中越地震

中越地方に激震

平成16年（2004年）10月23日の午後5時56分、新潟県中越地方を激震が襲った。地震の規模はM6・8、典型的な内陸直下地震で、「新潟県中越地震」と命名された。

震源の深さが約13キロと浅かったため、地表は激しい揺れに見舞われた。新潟県川口町で震度7、小千谷市、山古志村、小国町などで震度6強、長岡市、十日町市などで震度6弱を記録している。

激震によって多数の建物が全半壊し、ライフラインも寸断、道路も各所で損壊した。また、いたる所で大規模な地すべりや斜面崩壊が発生して、多くの集落が孤立化するという事態になった。

本震のあと、大きめの余震が長期にわたり断続し、最大震度6強、6弱、5強などを記録した。本震も含めた一連の地震では、主なものだけで3つの断層が相次いで活動したと見られている。

この地震による死者は、関連死も含めて68人、住家の全壊は3、175棟、半壊1万3、810棟を数えた。

本震および余震の震源は、西側の長岡平野西縁断層帯と東側の新発田《しばた》〜小出構造線とのあいだに挟まれた魚沼丘陵に沿って、北北東〜南南西の向きに約30キロにわたり分布していた。

魚沼丘陵や、その西に並走する東頸城《くびき》丘陵などを含むこの地域は、〝活褶曲地帯〟として知られている。東から太平洋プレートに押されつづけている日本列島には、つねに東西方向に圧縮する力が働いており、その力が最も集中する場がこの地域に当たっていたのである。そのため、数百万年前に海底に堆積した比較的新しい地層が、あたかも絨毯に皺を寄せるように変形し波打っている。背斜と向斜を繰り返すこのような構造は、〝褶曲〟と呼ばれていて、現在も地層の褶曲が進行している地質構造のことを〝活褶曲〟と呼んでいる。

活褶曲地帯では、たえず圧縮する力がかかりつづけているため、地下の岩盤に歪みが蓄積されていく。その歪みが何らかのかたちで解放されるのだが、それには、①地震を起こさずに、ゆっくりと滑っている部分、②しばしば小規模な地震を発生させつつ動いている部分、③普段は動かずに、ストレスを溜めつづけていて、突然急激に動いて大地震を起こす部分に大別すること

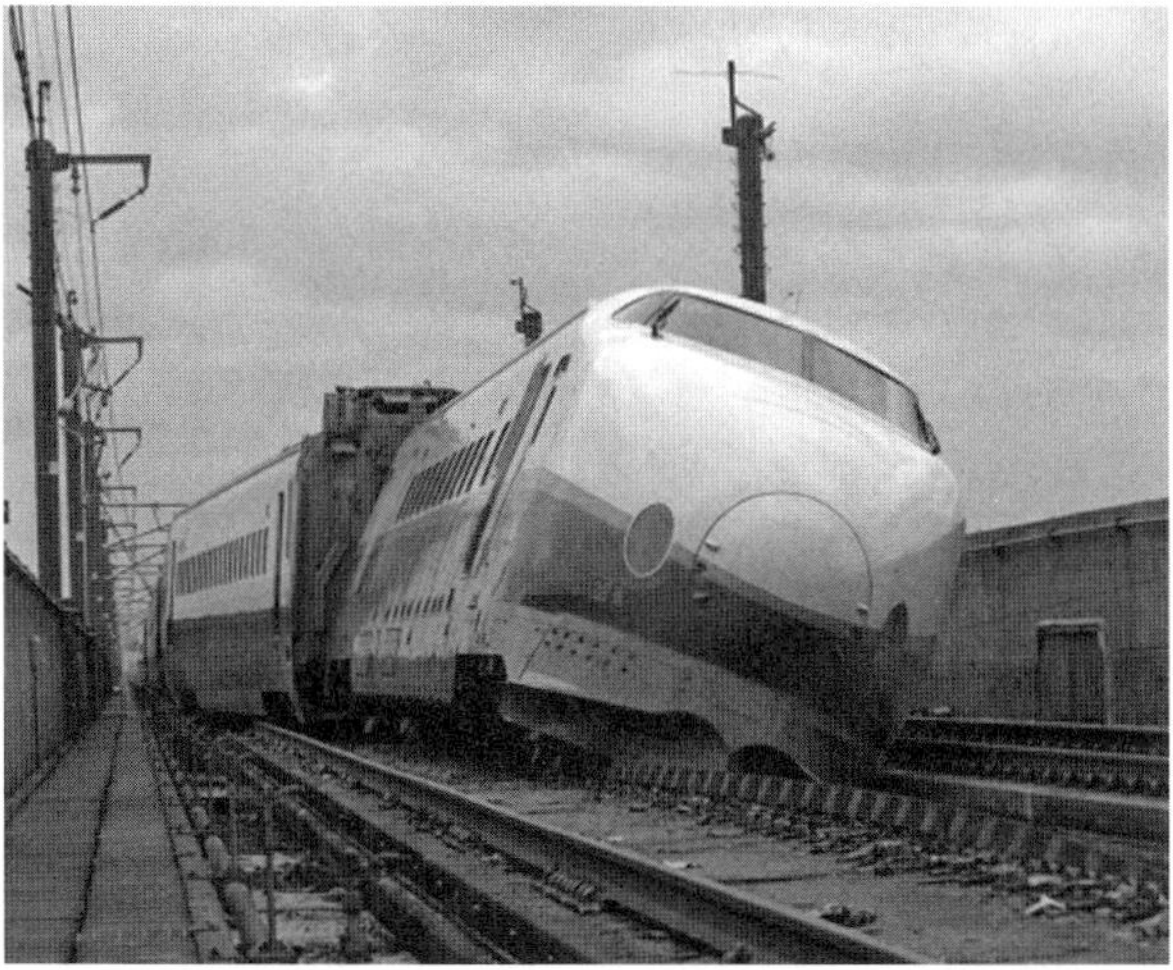

脱線して傾いた「とき325号」

ができる。

新潟県中越地震が、この③にあたっていたことはいうまでもない。

新幹線が脱線

この地震のさい、社会に大きな衝撃を与えたのは、上越新幹線の車両が脱線したことであった。下りの「とき325号」が、長岡駅まで約8キロの地点を時速約200キロで走行中、地震に遭遇し、10両編成のうち6、7号車を除く8両が脱線した。営業運転中の新幹線が脱線事故を起こしたのは、1964年の開業以来、初めてのことであった。

事故後の調査から、40の車軸のうち22軸が脱輪していたことが明らかになった。最後尾の1号車は、車輪がレールから1・4メートルもずれ、上りの線路側に30度ほど傾いて止まった。

もしこのとき、対向の線路上を上り列車が差しかかっていたなら、大惨事になるところであった。「とき325号」の乗客に1人の怪我人もでなかったことは、不幸中の幸いだったといえよう。

新幹線の地震対策としては、最初に来るP波を検知して、そのあと大きな揺れをもたらすS波が来る前に送電を止めるという仕組みが適用されている。地盤の性質にもよるが、P波は秒速約7キロ、S波は約4キロで進行する。

したがって、P波の到達した時点で、コンピューターが即時に地震の規模や震源距離を計算、S波による揺れが大きいと判断された場合には、送電を止めて列車を停止させるという安全策がとられているのである。

この方法は、地震計の設置点から震源までの距離が遠ければ、十分に有効なので、南海トラフ地震や日本海溝で発生する大地震などには適用可能である。

しかし、新潟県中越地震のように、内陸直下を震源として発生する地震の場合は、P波とS波の到達時間にほとんど差がないことから、S波の来る前に送電を止め、列車のブレーキをか

各所で発生した大規模土砂崩れ

けることは不可能に近い。しかも、列車が時速200キロ以上で走行していれば、ブレーキをかけてから列車が完全に停止するまでに2~3キロ走ることになる。

したがって、新潟県中越地震による新幹線の脱線事故は、早期検知システムが、内陸直下地震に対しては、ほとんど無力であることを示したものといえよう。

地すべり地帯での土砂災害

一方この地震では、山地での土砂災害が顕著であった。震源のほぼ真上にあたる東山丘陵のいたる所で、大規模な地すべりや斜面崩壊が発生して、山地の景観は変わり果ててしまった。

国土交通省によれば、航空写真から判読された斜面崩壊は3、791か所、そのうち崩壊幅が50メートル以上の規模のものは、362か所にのぼったという。

東山丘陵～魚沼丘陵を中心とする地域は、あまり固結していない新第三紀の泥岩や砂岩の層から成っているとともに、日本有数の地すべり地帯としても知られている。

しかもこの年は、相次ぐ台風による大雨で、地盤がたっぷりと水を含んでいた。とくに、地震の3日前にあたる10月20日には、台風23号が山間部にかなりの大雨を降らせていた。そこに激震が襲い、大規模な地すべりや斜面崩壊を発生させたのである。多量の水を含んだ崩壊土砂が、数百メートル流走した例も見られた。したがって、この地震による山地の災害は、〝台風＋地震〟という複合災害だったと位置づけることができよう。

信濃川の左岸にあたる長岡市妙見では、母子3人の乗った車が崩壊した土砂に巻きこまれ、母親と娘は死亡したものの、レスキュー隊による懸命の救出活動によって、2歳の男の子だけが奇跡的に助けだされた。この模様は、全国にテレビ中継され、視聴者は固唾を呑んで見守っていたことを記憶している。

山間部の各所で崩壊土砂が道路を埋め、交通が遮断された。土砂が河道を堰き止めたために、上流側には水がたまり、約45か所で天然ダムが形成された。

母子３人の車が土砂に埋まった長岡市妙見の現場

山古志村を流れる芋川に沿っては、5か所で崩壊土砂が川を堰き止めたため、上流側に天然ダムが形成され、多数の家屋が水没する事態となった。5か所のうち2か所の天然ダムがとくに大きく、東竹沢地区に生じた最大の天然ダムでは、将来の決壊に備えて、下流域に居住する住民の避難も行われた。

これら規模の大きな天然ダムについては、国の直轄事業で、排水ポンプの設置や排水路の建設、土石流監視カメラの設置などが進められたのである。

山古志村の孤立と通信手段の断絶

山古志村（現・長岡市山古志）は、地震のあと、一時はまったく孤立状態になってしまった。村へ向かう道路は、多数の土砂崩れによって寸断され、防災無線も通じず、通信手段が完全に絶たれたため、被災状況もしばらくは不明のままであった。ようやく地震の2日後、自衛隊のヘリコプターなどによって、全住民約2,200人が救出されたのである。

山古志村は、錦鯉の産地として知られる穏やかな山村であった。その山里の風景が、地震により一変してしまった。道路はいたる所で土砂に埋まり、多数の家屋が崩れた土砂に呑みこまれた。棚田に水を溜めた池で、錦鯉が養殖されていたのだが、池を仕切っていた土砂が崩れて水が抜けたために、無数の錦鯉が死んでしまった。

この山古志村だけでなく、多くの山村で集落の孤立を招いた理由の一つは、地震の発生が日没時で、初動対応が夜間になったため、孤立した集落の被災状況を把握することが困難だったことが挙げられる。

とくに、初動期の情報通信が十分に確保されなかったことが、実態把握の遅れた理由でもある。固定電話や携帯電話など、通常の通信手段も、伝送路が断線したり、携帯電話の場合は、基地局が停電したあと、バッテリーが枯渇したために停波状態となってしまった市町村もあった。

県と市町村との相互連絡に使われる防災行政無線も、停電や庁舎の被災などにより機能しなかった例も少なくない。

道路が通行不能となったうえ、固定電話も携帯電話も不通となったため、市町村役場への救助要請ができなかった集落もあった。

このように、激震によって大規模な山地災害が発生すれば、地域社会がたちまち陸の孤島と化してしまうことを、この地震は物語ったものといえよう。

近年、急速に過疎化が進んできた山村では、若者が去り、高齢者などの社会的弱者だけが取り残されていて、緊急時に速やかな行動のとれない人びとの集まりになっている。

その意味からも、新潟県中越地震は、山間部に点在する集落の孤立化対策をいかに進めていくかを、あらためて問いかけたものといえよう。

第11章　福岡県西方沖の地震

玄界島の被害

平成17年（2005年）3月20日の午前10時53分、福岡県西方沖の玄界灘を震源としてM7・0の地震が発生、福岡市や前原市などで最大震度6弱を観測し、死者1人、負傷者1、200人あまり、全壊家屋144棟をだす災害となった。海底下で起きた地震だったが、変位が水平方向だったため、津波は発生しなかった。

この地震でとくに被害が大きかったのは、震源に近い玄界島で、多数の家屋が地震の揺れや土砂崩れによって、全壊または一部損壊した。そのため、島民約700人が島外に避難する事態となった。

玄界島は、周囲約4キロという小さな島だが、頂上の標高は218メートルあり、そのため急峻な斜面に囲まれている。島の南岸には、約220棟の住宅が密集していたが、そのほとんどがこの地震によって被災したのである。

地震直後の玄界島

被害を拡大したのは、住宅地になっている急斜面のいたる所で土砂崩れが起きたことによる。擁壁が崩れて、下の家屋を押しつぶしたり、家屋の基礎が抜け落ちたりした。崩れた土砂に押しだされて転倒した家屋もあった。

とくに目立ったのは、斜面に盛り土をして造成された宅地の崩壊であった。急斜面に家を建てるには、どうしても平坦な土地にしなければならない。そのためには、土盛りをして造成することになる。そこへ強い地震動が襲ったため、盛り土部分がたちまち崩壊を起こしてしまったのである。

福岡市内の被害

福岡の市街地でも、さまざまな被害が発生した。建物の土台が傷んだり、壁に亀裂が入ったりした。

玄界島の家屋被害

柱が破壊され、鉄筋がむきだしになったビルもあった。

市内の各所でブロック塀が倒壊し、博多区では75歳の女性が下敷きになって死亡した。

また、中央区天神の「福岡ビル」（10階建て）から、約３６０枚の窓ガラスが割れて歩道に落下し、数人が負傷した。

さらに、ビルやマンションなど57か所で、エレベーター内に利用者が閉じこめられるという事態が相次いだ。福岡タワーでは、上昇中のエレベーターが、地上約80メートルで停止し、乗客15人が、救出されるまでの約2時間、閉じこめられてしまった。当時はまだ、最寄りの階に停止して扉が開く「地震安全装置」の設置されているエレベーターは、福岡県内では3割程度にすぎなかったのである。

要注意・警固《けご》断層！

地震のあと、気象庁は記者会見で、「今回の地震は、きわめて地震活動の低い所で発生した」というコメントを発表した。

たしかに福岡市周辺は、滅多に地震の起きない所と思われていただけに、市民にとっては、まさに青天の霹靂だったにちがいない。

この地域で過去に起きた被害地震を振り返ってみると、１８９８年（明治31年）８月、福岡市の西部、糸島半島でＭ６・０の地震が発生、家屋７棟が全壊している。それ以来、１０７年ぶりの被害地震だったのである。

福岡県西方沖の地震の余震分布を見ると、北西〜南東の向きに伸長しており、その向きに海底下で断層が活動したことを示している。一方、福岡市の直下には、ほぼ北西〜南東方向に「警固断層」という活断層が走っていて、その海域への延長部が活動して、この地震を起こしたと考えられた。

最近の調査から、警固断層が活動して起きる地震の発生確率は、わが国の主な活断層のなかでは、高いグループに属しているとされている。

福岡県西方沖の地震のあと、建物や地盤の被害状況を合同調査した土木学会と地盤工学会に

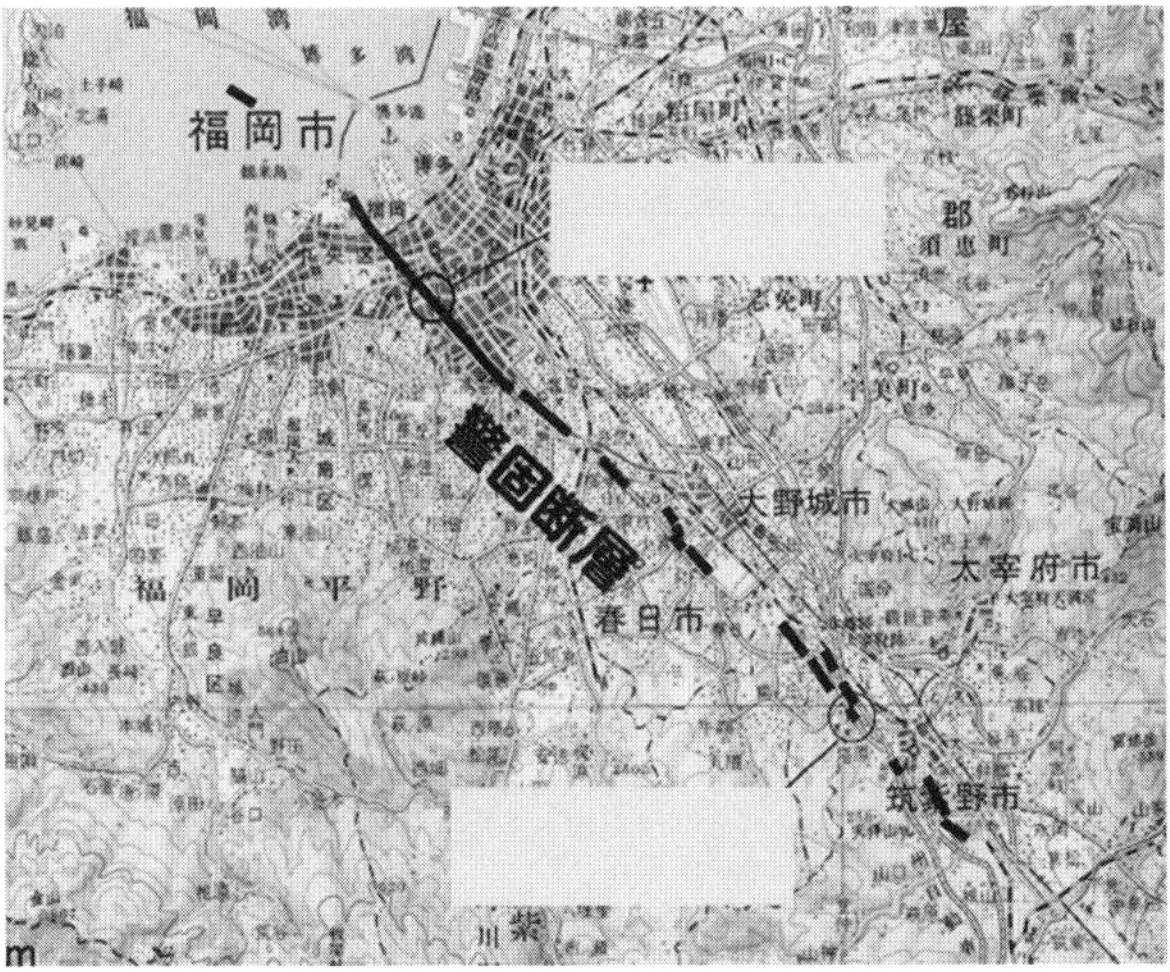

福岡市内を走る警固断層

よると、福岡市内で被害の大きかった地域は、ちょうど市内を走っている警固断層に平行するように集中していることが明らかになった。

警固断層自体は動かなかったのだが、顕著な被害のでた地区は、断層に沿うように走っていて、昔から〝地震道〟と呼ばれるような分布をしていた。

なぜ動かなかった断層の上に被害が集中したのかについては、地盤との関わりが指摘されている。

警固断層を挟んで、南西側は基盤岩から成る硬い岩盤であるのに対し、北東側は基盤岩の上に堆積した比較的軟らかい地層から成っている。そのため、両者の境をなす地下の断層面で、地震波が複雑に反射したり、あるいは地震の揺れが増幅されるような現象が起きたりして、とくに地盤の軟弱な断層の北東側に強い揺れが集中したのではないかと考えられている。

大都市直下の活断層が活動して起こした地震としては、6、400人あまりの犠牲者をだした1995年1月の兵庫県南部地震（阪神・淡路大震災）が挙げられる。それからちょうど10年後に起きた福岡県西方沖の地震は、都市に潜在するさまざまな死角と脆弱性を、改めて浮きぼりにしたものといえよう。

第12章　能登半島地震

海底下でM6・9

平成19年（2007年）3月25日の午前9時42分、能登半島の西部を震源とする地震が発生、輪島市を中心に大きな被害がでた。この地震について、気象庁は翌日、「平成19年（2007年）能登半島地震」と命名した。

気象庁によると、震源地は能登半島の西の海底で、地震の規模はM6・9、震源の深さは約11キロと、やや浅い地震であった。

この地震の余震分布を見ると、能登半島の西の海域から内陸にかけて、北東～南西の向きに、30キロ以上にわたって余震の発生していることがわかった。

気象庁はこの地震について、「横ずれを伴った逆断層型の地震」と分析している。また、国土地理院の観測によると、断層面は、ほぼ北東～南西の向きに、長さ約21キロ、幅約14キロにわたっていて、北西から南東に傾き下がる、右横ずれを伴う逆断層と推定された。この断層面に沿って、南東側の地塊が北西側に対して、約1・4メートル乗り上げたものと見られている。

震源域のほぼ半分が海底下であったため、能登半島の沿岸を中心に津波注意報が発表されたが、20センチ前後の水位の変化が見られただけで、被害の報告もなかったことから、午前11時30分に津波注意報は解除された。

輪島市門前町の被害

この地震によって、石川県輪島市、七尾市、穴水町で震度6強、同県志賀《しか》町、中能登町、能登町で震度6弱、珠洲《すず》市で震度5強を観測した。

地震による死者は1人、重軽傷者は356人を数えた。死者1人は、輪島市の52歳の女性で、自宅の庭で、倒れてきた石灯籠で頭を強打し死亡したものである。被災地全体で、住家の被害は全壊686棟、半壊1、740棟であった。

被害がとくに大きかったのは輪島市門前町で、震源の浅い直下地震に見舞われたため、多数の家屋が倒壊した。門前町は、能登半島の西海岸で日本海に注ぐ八ヶ《はっか》川下流の沖積地にあったため、地盤が軟弱であり、それが被害を拡大したものとみられる。

筆者らは、地震の6日後に門前町に入り取材したのだが、倒壊家屋のなかには、完全に潰れて瓦屋根だけが地上に伏せているものもあった。一般に、老朽化した古い木造家屋に被害が集中しており、比較的新しい民家には、ほとんど被害が見られなかった。

このとき被災地を歩いて感じたのは、震度6強という揺れのわりには、大規模で壊滅的な災害にならなかったという点である。

輪島市門前町の倒壊家屋

その理由は、激震地が大都市のような人口密集地でなかった点と、さらには、北陸の積雪地域であるため、家屋の柱や梁が、伝統的に太く頑丈に造られていたためと考えられる。

石灯籠の倒壊によって亡くなった人以外に、家屋の倒壊そのものによる死者がでなかったのは、柱や梁が太かったため、家が潰れても、建材のあいだにかなりの隙間があり、そこから外へ這いだすことができたからであろう。

150年ほど前に建てられた門前町の興福寺も、地震とともに潰れたのだが、本堂にいた住職夫妻と、調理室にいた地区婦人会の計7人は、崩れ落ちた瓦礫の隙間から辛うじて脱出することができたという。

一方、地震の強い揺れによって、各所で土砂崩れが発生した。海に面している門前町の深見地区は、大規模な斜面崩壊によって、海沿いを走る道路が閉塞されたため、一時孤立状態になっていた。

能登半島を縦断する能登有料道路も、約10か所で路面が陥没したり、崩れ落ちたりしたため、長いあいだ不通になった。とくに谷を横切るところに盛り土をして、新たに道路をつくった部分に被害の集中した例が目立った。

進められた避難所の環境整備

地震から1週間を経た時点で、被災地全体では、約1、100人が集団避難生活を送っていた。被害の大きかった門前町では、小学校の体育館や町民会館などが避難所にあてられていたが、

海岸道路に落下した大岩

避難している人の大部分が高齢者であった。まさに高齢化社会を直撃した地震だったのである。

避難者は、体育館などの板敷きの床に、マットなどを敷いて寝起きしていたが、長い避難生活で心身ともに疲れ果て、体調を崩す人や不眠に悩まされる人が後を絶たなかったという。

しかし、避難所での健康管理面で、3年前に起きた「新潟県中越地震」のさいの経験や教訓が活かされた例もある。

中越地震のときは、長期にわたった避難生活の結果、体の機能が低下する「生活不活発病」が問題になった。そこで能登半島地震では、避難者に対して、保健師による聞き取り調査などが綿密に行われた。

また中越地震では、いわゆる「エコノミークラス症候群」が多発し、死者もでたことから、避難所の壁に、同症候群に対する予防法を記した注意書きが張られ、医師による検査も行われていた。

一方、全国から多数のボランティアが集まり、避難所の環境整備にあたっていた。避難所の床にパイプを張りめぐらせて、温湯を循環させたり、足湯のサービスをするなど、工夫をこらして生活環境の改善につくしていた。

困難な海底の活断層調査

能登半島地震は、ふだん地震があまり起きないと思われていた地域で発生した地震であった。

１９９３年2月7日に、能登半島先端から北方の海域でＭ６・６の地震が発生し、珠洲市などで小被害のでたことがあるが、この地域でＭ７クラスの地震が発生したことは、過去４００年間知られていなかった。

２００６年に、政府の地震調査研究推進本部が作成した全国の「地震動予測地図」にも、この地域で、今後30年以内に震度6弱以上の揺れをもたらす地震の発生確率は、０・１パーセント未満とされていた。

　能登半島地震は、海域から陸域にかけて伸びる未知の活断層が動いて発生したとされている。その背景には、海底の活断層の姿が、十分に把握されていなかったという現実がある。

　陸上の活断層の場合は、トレンチ法によって、過去の地震の痕跡を見つけだし、活断層の活動度を推定する手法が用いられている。

　しかし海底では、そのような調査ができないから、堆積物を採取したり、音波探査によって海底の地下構造を調べる方法などがとられているだけで、調査の困難さが常につきまとっているのである。

　したがって、海底の活断層調査をいかに進めていくかという重要な課題を、能登半島地震は改めて投げかけたものといえよう。

第13章　新潟県中越沖地震

被害が集中した柏崎市

平成19年（２００７年）７月16日午前10時13分、新潟県西部で発生した地震は、柏崎市や刈羽村を中心に大きな被害をもたらし、「新潟県中越沖地震」と命名された。

地震の規模はＭ６・８、震源の深さは17キロと比較的浅い地震であった。本震の発震機構は、北西〜南東方向に圧縮軸をもつ逆断層型であり、余震の震源は、北東〜南西の向きに、約30キロにわたり分布している。

この地震により、新潟県長岡市、柏崎市、刈羽村、長野県飯綱町で震度６強、新潟県上越市、小千谷市、出雲崎町などで震度６弱を観測した。地震による死者は15人、住家の全壊１、３３１棟を数えた。

筆者らは地震の３日後、柏崎市などに入り、被災状況を取材した。倒壊した建物は、大部分が老朽化した古い木造家屋で、瓦屋根が重いうえ、筋交いの入っていないものや１階部分の壁が少ないものなどが目立った。

柏崎市の名刹・閻光寺《もんこう》も、本堂が完全に倒壊して、立派な瓦屋根だけが地表を覆っていた。倒壊した木造家屋のなかには、強風対策として、屋根瓦の下に土を敷いたものもあり、屋根がいっそう重くなっていた。いわば耐震性のきわめて低い家屋が、震度6強の揺れによって瞬時に倒壊したのである。

多数の木造家屋を倒壊させたのは、周期1〜2秒の〝キラーパルス〟と呼ばれる地震動が原因だったと考えられている。砂や泥が堆積して、軟弱な地盤を形成している地域では、周期2秒前後の地震波が卓越しやすい。一方、木造家屋の固有振動周期も2秒前後のことが多く、それがほぼ同じ周期の地震動と共振を起こして倒壊したものと考えられる。

1995年の阪神・淡路大震災のとき、木造家屋に壊滅的な被害をもたらしたのも、このキラーパルスだったとされている。

新潟県中越沖地震による死者のうち10人は、倒壊した木造家屋の下敷きになって死亡した人で、いずれも70〜80代の高齢者であった。

問題は、古い木造家屋の耐震化が容易に進まず、しかも高齢者がそのような住宅に住まざるをえない環境にあるという点であろう。老朽化した家屋の耐震補強をするには、相当な費用が

本堂が倒壊した聞光寺

かかるため、年金暮らしの高齢者には、とても負担できる金額ではない。つまりこれは社会現象なのである。

多様な地盤災害

柏崎市周辺は、沿岸部の軟弱地盤地帯であるため、さまざまな地盤災害が発生した。地下を走る水道管やガス管がいたる所で損傷して、ライフラインが寸断され、長期にわたり市民生活が影響を受けることになった。

地盤の液状化現象も顕著で、道路の亀裂や陥没、マンホールの抜け上がりなど、液状化特有の現象が各所で見られた。

盛り土をして造成された新興住宅地では、家屋の破損は免れたものの、地盤に亀裂が入っているために、危険と判定された地区もある。

土砂崩れも各所で発生した。信越本線青海川駅では、駅の裏手の斜面が、幅約80メートルにわたって崩壊し、ホーム西側の線路が大量の土砂で埋まってしまった。崩壊土砂量は、1万立方メートル前後ではないかと推察された。

地震発生の9分前には、直江津行きの普通列車がここを通過したばかりであった。まさに危機一髪だったといえよう。

柏崎刈羽原発の被害

東京電力・柏崎刈羽原子力発電所では、多くのトラブルや被害が発生した。軽微な障害までも含めると、1,263件もの不具合が発生していたという。

この原発は、新潟県中越沖地震の震源域の東端に位置しており、いわば原発にとっては、直下を震源とする大地震に見舞われたことになる。そのため、設計時の想定をはるかに超える地震動に見舞われたのである。幸い放射性物質の外部への流出は確認されなかったが、周辺部では、さまざまな被害やトラブルが発生した。

地震と同時に、3号機の建屋脇にある変圧器から出火し、鎮火までに約2時間を要した。

倒壊した家屋（柏崎市）

地震計のデータを解析したところ、3号機で2，058ガルの揺れが観測されていた。これは、原発の建設時に想定された揺れの6・8倍に相当したという。

4号機では、海水を取りこむためのゴム製の配管のつなぎ目に亀裂が入り、海水約24トンがタービン建屋の中に流れこんだ。

7号機の主排気筒からは、放射性物質を含む蒸気が大気中に放出された。原子炉で発生した蒸気を冷却して水に戻す復水器には、放射能を帯びた空気がたまっており、それが排気筒に流れでたことが原因である。本来、地震で原子炉が自動停止したときには、手動で排風機を止めることになっていたのだが、止め忘れたために、微量の放射性物質が3日間も放出されつづけた。ただ放射線量は、法律で定める限度の500万分の1程度で、人体や環境への影響はなかったという。

1号機では、原子炉複合建屋の地下5階に約200トンの水が流れこんだ。これは、地中に埋設されていた消火用の配管が損傷したため、そこから溢れでた大量の水が、地盤の沈下により生じた地下1階の電気ケーブル引きこみ口の隙間から、建屋の地下5階に流れこんだもので、水深50センチ近くに達していたという。

7月21日、原子力発電所の施設が、被災後初めて報道陣に公開されたが、そのときの映像を見ると、原発の敷地には、各所で地盤の液状化が原因とみられる亀裂や段差などが生じており、道路も大きく波打っていた。

ただ幸いなことに、原子炉本体などの機器については、被害が報告されていなかった。

実は、稼働中の原子力発電所が震度6強の揺れに見舞われたのは、これが世界でも初めてのことである。

新潟県中越沖地震による柏崎刈羽原発の被害は、2011年東日本大震災のさい、メルトダウンまで引き起こし、破滅的な災害となった福島第一原発事故の4年前のことであった。

新潟～神戸歪み集中帯

新潟県中越沖地震は、〝新潟～神戸歪み集中帯〟の中で発生した。この歪み集中帯は、新潟県北部から神戸市付近にかけ、日本海沿岸に沿って、北東～南西の向きに伸びる幅約50～200キロの地帯である。ここでは、地殻に溜まる歪みが他の地域より数倍も蓄積していることが、GPSの観測により明らかになっている。

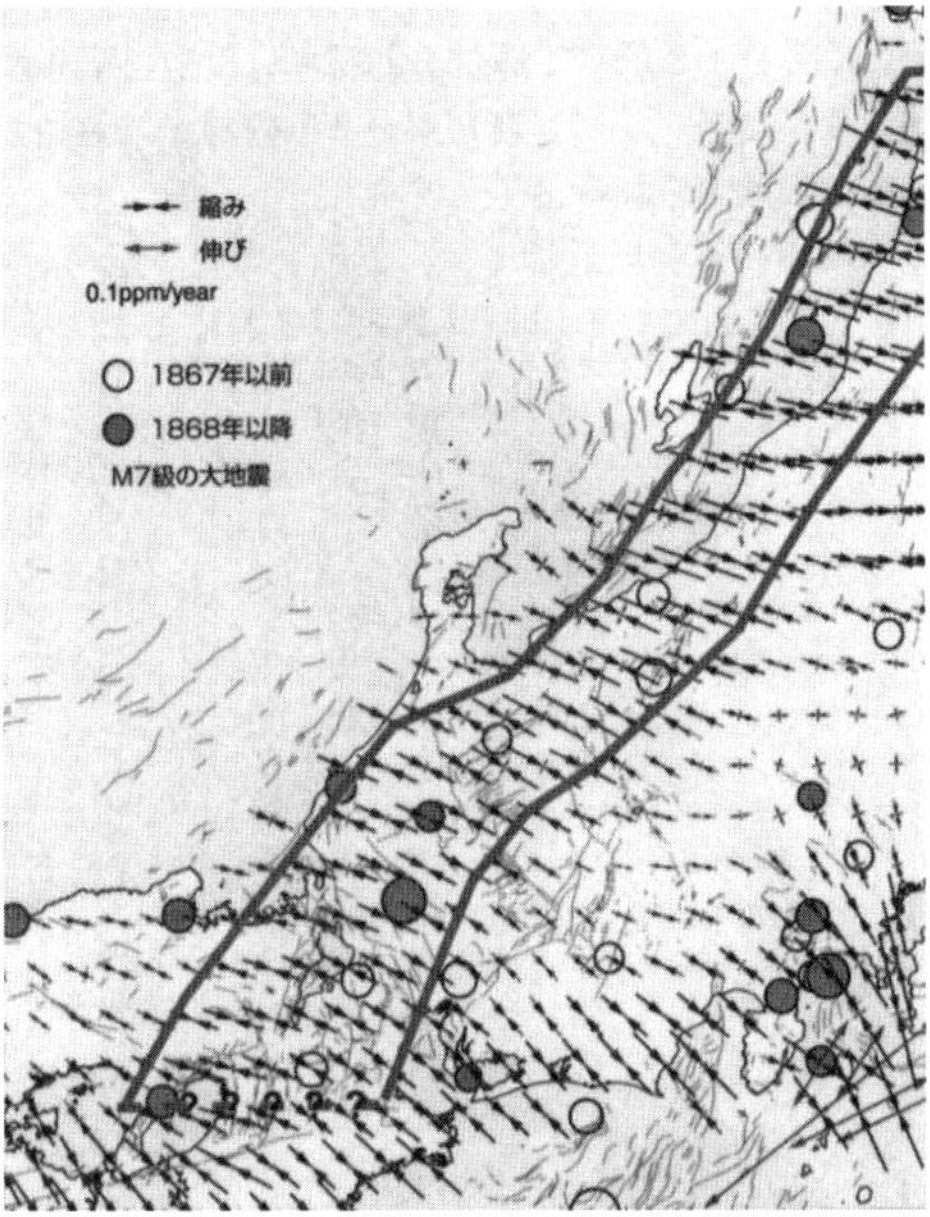

新潟神戸歪み集中帯

日本列島は、東から押し寄せてくる太平洋プレートによって、たえず東西に圧縮されているのだが、その縮みの半分ほどが、新潟～神戸集中帯で吸収されていることが、近年の研究から明らかになっている。

現実にこの歪み集中帯では、しばしば大地震が発生してきた。1948年福井地震をはじめ、1964年新潟地震、1995年兵庫県南部地震、2004年新潟県中越地震などが挙げられる。

さらに古くは、1847年善光寺地震、1858年飛越地震、1891年濃尾地震など、大災害をもたらした地震が、いずれもこの歪み集中帯の中で発生してきたという経緯がある。

しかもこの歪み集中帯には、歴史時代以降、活動していないとされる活断層が複数走っている。これらは、いつか再び活動して、大地震を引き起こすことは疑いない。それだけに、いつ起きてもおかしくはない内陸直下地震に備える体制の整備が強く望まれるところなのである。

第14章　岩手・宮城内陸地震

未知の断層が動いた！

平成20年（2008年）6月14日の午前8時43分、岩手県南西部から宮城県北西部にかけて大地震が発生した。内陸直下の震源の浅い地震で、規模はM7・2、震源の深さは約8キロであった。この地震により、岩手県奥州市と宮城県栗駒市で震度6強を観測し、死者・行方不明者は23人を数えた。

気象庁は、この地震について「平成20年岩手・宮城内陸地震」と命名した。

日本の東北地方には、東から押し寄せてくる太平洋プレートによって、東西に圧縮する力がかかりつづけている。そのため、内陸部の断層に歪みが蓄積し、それが解放されることによって地震が発生するのである。

岩手・宮城内陸地震は、活断層と認定されてはいなかった断層が活動したものと考えられている。地震波の解析によると、地下の断層が、長さ約30キロ、幅約10キロにわたって活動し、最大4メートルのずれを生じたという。断層を挟んで、西側の地盤が、東側の地盤に乗り上げるかたちの逆断層であった。震源の比較的浅い地震だったため、地表は激しい揺れに見舞われたのである。

ただ震度6強を記録したにもかかわらず、建物の被害は比較的少なかった。総務省消防庁によると、住家の全壊は、土砂崩れによるものも含めて30棟であり、建物の倒壊による死者はでていない。

建物の被害が少なかった理由としては、地震波の特徴が挙げられる。一般に木造家屋の固有振動周期は1～2秒であり、そこにほぼ同じ周期の地震波がくると、建物が共振して倒壊するため、キラーパルスとも呼ばれている。

しかし岩手・宮城内陸地震の場合は、0・1～0・3秒という短周期の波が卓越していたため、共振を起こしにくかったものと考えられた。また、瓦屋根の家屋がほとんどなく、屋根が軽かったことも幸いしたと思われる。

もう一つの理由としては、住家の多い市街地が、逆断層の東側、つまり下盤側にあったことも挙げられている。逆断層の場合、乗り上げた方の上盤側の地表は激しい揺れに見舞われるが、下盤側の揺れは、上盤側に比べて揺れの程度は小さいのが一般的である。上盤側が震度6強であっても、下盤側は震度6弱程度だったのではないだろうか。

多発した土砂災害

建物の被害が少なかったのにひきかえ、山間部の各所で無数の地すべりや斜面崩壊が発生するなど、土砂災害が顕著であった。山地が断層の西側つまり上盤側にあたっていたため、激しい揺れによって地すべりや斜面崩壊が多発したとも考えられる。

崩れた土砂によって道路が寸断され、多くの集落が孤立状態となった。そのため、孤立集落の住民をヘリコプターで救出し、避難施設に収容する措置がとられた。集落の背後で土砂崩れが起きた地区もあり、大雨などによる二次災害の危険性から、住民の避難生活も長期化したのである。

死者・行方不明者23人のうち18人が、地すべりや斜面崩壊、落石など土砂災害によるものであった。

栗駒山麓の秘湯として知られる「駒の湯」の温泉宿が、大規模な土石流に襲われ、7人の死者・行方不明者をだしている。生存者の証言によると、土石流が襲ってきたのは、地震発生から約10分後だったという。「駒の湯」は、もともと三迫《さんはさま》川の右岸側、谷底から25メートルほどの高さにあった。それにも拘わらず、なぜ土石流が襲来したのであろうか。

地震の揺れによって、まず栗駒山の山頂付近で崩壊が起き、雪どけ水や地下水を含んだ土石流となり、三迫川の谷を流下してきた。本来なら土石流は、そのまま谷を流れくだるはずだったが、悪いことに、谷を挟んで「駒の湯」の対岸にあたる左岸側で斜面が崩壊し、川の流れが堰き止められてしまっていた。

その結果、谷を流下してきた土石流は、堰き止め部に遮られて流路を右に変え、右岸側にのし上がって「駒の湯」を襲ったのである。悲しい偶然が招いた災害であった。

この土石流について、財団法人「砂防地すべり技術センター」が、崩れた土砂の量や地形などをもとにシミュレーションを実施した結果、土石流は平均毎秒10メートルの速さで流下したこと、土石流が「駒の湯」を襲ったのは、地震発生から約9分後で、高さが約2メートルだったと分析している。

巨大地すべりの発生

崩壊した土砂が川を堰き止めたために、宮城県側の一迫《いちはさま》川、三迫川、岩手県側の磐井川などの計15か所で天然ダムを生じた。

荒砥沢上流部の大規模地すべり

もし将来、天然ダムが決壊すれば、下流域が大規模な土石流、洪水流に見舞われることから、9か所の天然ダムについて、国土交通省は新たな排水路の設置や、下流にある既設の砂防堰堤の除石などを、国の直轄事業として実施した。

山地のいたる所で発生した地すべりや斜面崩壊のうち、最大だったのは、二迫《にはさま》川にある荒砥《あらと》沢ダムの上流側で起きた巨大な地すべりであった。これまで日本で起きた地すべりのなかでは、最大規模のものといわれている。

地すべりの規模は、長さ約1、400メートル、幅約800メートル、深さ約100メートルにわたっており、崩壊土砂の量は、6、000~7、000万立方メートルと推定されている。地すべり頭部の崖の最大落差は148メートル、土塊の水平移動距離は300メートルをこえていた。また、この地すべりによって、山腹を走っていた道路が、元の位置から300メートル以上も滑落していた。

この地域の地質は、新第三紀末の火山噴出物で構成されている。今から数百万年前の噴火で堆積した軽石凝灰岩層と、その上に乗る溶結凝灰岩から成り、とくに軽石凝灰岩は十分に固結しておらず、それが基盤の湖底堆積物である泥岩層を滑り面として滑落したものと考えられている。

ダム湖で津波が起きた!

荒砥沢ダムの地すべりは、ダム湖の上流側に接する斜面で起きたため、その土塊の一部がダム湖に流入した。流入土砂量は145万立方メートルと推定されており、そのためダム湖の水位は、一時的に2・4メートルほど上昇したという。

筆者は、地震からひと月後に、東北森林管理局の車で荒砥沢ダムの右岸側の林道を走った。この林道は、地震による土砂崩れで通行不能になっていたのだが、この頃には林道を埋めていた土砂も取り除かれていたため、四輪駆動の車なら走行できたのである。

ところが、西側からダム湖に注ぐ小さな沢を渡る所まで来ると、橋が落ちていた。当然、そこで通行止め。落ちた橋桁はどこへ行ったのかと探すと、沢の上流200メートルほどの所に横たわっていた。

沢を流下してきた土石流によるものであれば、橋桁は下流側に流されているはずである。上流側に流されたということは、下流側つまりダム湖の側から、強い流れによって押し上げられたことになる。

その強い流れとは、いわば〝津波〟によるものと推定された。大量の土砂がダム湖に流入したため、津波が発生したのである。現地を詳しく調査したチームの分析によれば、3メートル前後の津波が発生したものと推定されている。

日本の山間部には、各地にダム湖がある。ダム湖は、もともとあった谷に大量の水を溜めることによって造られた人工の湖だから、湖に接する斜面は、どうしても急峻になる。その斜面が、地震の衝撃などによって、大規模な崩壊や地すべりを起こせば、大量の土砂がたちまち湖中に滑落して、大津波を引き起こす可能性がある。もし津波が堰堤を越えるようなことになれば、下流域は甚大な水害に見舞われることになろう。

幸い、この荒砥沢ダムでは、津波が堰堤をこえることはなかった。地すべりの土塊の主要な部分が、ダム湖の左岸側に向かって押しつけられるように堆積したため、湖に対しては、やや斜めに流入したことになり、津波の高さが3メートル程度ですんだものと考えられる。

もしさらに大量の土塊が、ダム湖に正面から突入していたなら、津波の規模ははるかに大きくなり、場合によっては、堰堤を越流した可能性さえある。

山地激震の脅威

岩手・宮城内陸地震による土砂災害は、山地を激震が襲ったときの脅威をまざまざと見せつけるものであった。２００４年10月に発生した新潟県中越地震も、顕著な山地災害をもたらしたことで知られている。

日本の国土の約３分の２は、山地で占められており、山間部には多くの山村が点在している。しかも、過疎化が進んだ山村では、いざという時に速やかな行動をとりにくい高齢者だけの集まりになっている所が多い。

そもそも山地には、多くの活断層が走っている。将来、これら活断層が活動すれば、同様の土砂災害、山地災害を引き起こすことは必定である。土砂崩れによって道路が寸断されれば、複数の集落が孤立化することは免れない。それだけに、新潟県中越地震や、この岩手・宮城内陸地震は、中山間地に点在する集落の孤立化対策がいかに重要かを示したものといえよう。

第15章　東北地方太平洋沖地震（東日本大震災）

巨大津波発生の謎

平成23年（2011年）3月11日午後2時46分、東北地方の太平洋沖を震源にして、M9・0という超巨大地震が発生した。「東北地方太平洋沖地震」と命名されたこの地震は、日本で近代的な地震観測が始まってからでは、最大規模の地震であった。この地震によってもたらされた災害のことを「東日本大震災」と呼んでいる。

東北地方太平洋沖地震は、従来想定されていた6つの震源域（三陸沖中部・宮城県沖・三陸沖南部海溝寄り・福島県沖・茨城県沖・三陸沖北部から房総沖の海溝寄りの一部）が、次々と連動して断層破壊を起こしたために発生したものであり、破壊された断層の面積は、南北約500キロ×東西約200キロに及んでいる。

この巨大地震はどのような仕組みで発生したのであろうか。西進してきた太平洋プレートは、日本海溝のところで、日本列島を乗せている北米プレートの下に、年間8センチ前後の速さで沈みこんでいる。

このとき太平洋プレートが、陸側の北米プレートを固着しながら沈みこんでいくため、北米プレートは、徐々に下方へと引きずりこまれていく。やがてプレートの境界面に蓄積される歪みが限界に達すると、北米プレートは一気に跳ね上がって大規模な断層破壊を引き起こす。これが海溝型のプレート境界地震のしくみであり、必ずといっていいほど大津波を発生させるのである。

東北地方太平洋沖地震により、沿岸を襲った津波の高さは、高い所では10メートルから20メートル以上に達しており、岩手県宮古市の重茂《おもえ》姉吉《あねよし》地区では、40・4メートルの遡上高を記録した。

この地震が発生したとき、北米プレートの側は、境界面に沿って20メートルほど滑ったと考えられている。しかしこれだけでは、陸上を襲う津波の高さは、せいぜい5メートル前後であって、このときのような巨大津波の発生を説明することはできない。

その謎を解く手がかりが、思いがけないところで見つかった。東京大学と東北大学が、岩手県釜石の沖合80キロと50キロの海底に設置されていた津波計が、地震の発生から14分後と18分後に、突然5メートルを超える海面の上昇、つまり津波を観測していることがわかったのであ

津波に洗われた陸前高田の市街地

る。

釜石沖でこれだけの津波を起こすには、プレート境界の10キロよりも浅い部分、つまり日本海溝に近いプレート境界で、陸側のプレートが計算上55メートルほど滑ることが必要なのだという。

ところが、10キロより浅い部分では、プレートどうしは固着することなく、常時ズルズルと小さく滑っているために、大きな地震を起こすことはないと考えられていた。

それなのに、なぜ55メートルも一気に滑るようなことが起きたのだろうか。ここで登場するのが、１８９６年の明治三陸地震津波を招いたような〝津波地震〟、つまり地震の揺れは弱いのに、大津波を引き起こすタイプの地震である。

実際に東北大学の研究チームが、2008年から、三陸沖の日本海溝付近に観測機器を設置して、海底の動きを調べていたのだが、東北地方太平洋沖地震のとき、海底が50メートル近くも東へ動くとともに、5メートルも隆起していたことが明らかになったのである。この海底の隆起が、大津波を発生させる原因になったことはいうまでもない。

したがって、東北地方太平洋沖地震では、プレートの固着部分が破壊されて起きた巨大地震と、より沖合での〝津波地震〟とが複合して起きることによって、大津波を発生させたものと考えられているのである。

潰滅的な津波災害

青森・岩手・宮城・福島・茨城・千葉各県の沿岸部は、山のような大津波に襲われ、未曾有の大災害となった。とりわけ、宮古市、山田町、大槌町、釜石市、大船渡市、陸前高田市、気仙沼市、南三陸町、女川町、石巻市、多賀城市、仙台市若林区、亘理町、山元町、新地町、相馬市、南相馬市、いわき市など、岩手県から宮城県、福島県にかけての沿岸市町村では、海に面した平野部の町並みがすべて失われるという惨状を呈した。死者・行方不明者は、関連死も含めて、2万2、000人あまりを数えている。

43人が犠牲になった南三陸町防災対策庁舎

国土地理院の分析によると、津波による浸水域の面積は、443平方キロに及んでおり、その約4分の1を市街地が占めていたという。

災害のひと月後に、筆者らが被災地を訪れたとき、ほとんどの沿岸の町で、木造家屋がすべて流され、わずかに鉄筋造りのビルの形骸だけが残されていたことを記憶している。

陸前高田市の海岸から500メートルほどの所に、5階建ての集合住宅が建っていたが、ベランダの手すりが5階しか残っておらず、4階までの手すりがすべて流されてしまっていた。津波の高さは、おそらく17～18メートルだったものと推定される。

鉄骨3階建ての南三陸町防災対策庁舎は、鉄骨だけを残して内部はすべて流されてしまっていた。しかも屋上には、津波による漂流物が多数残されており、津波が庁舎を乗り越えたことを物語っていた。この庁舎では、43人が津波の犠牲になったという。

防潮堤の惨状

東北地方太平洋沖地震が起きるまで、三陸沿岸の各所には、津波に備えるための堤防が整備されていたが、それらのほとんどが破壊されてしまった。

釜石市では、水深60メートルの海底から立ち上がる防波堤が町を守っていたのだが、津波に押し倒されて、効果を発揮することができなかった。大船渡市では、1960年のチリ地震津波を契機に築造された湾口防波堤が破壊されてしまった。

なかでも衝撃的だったのは、日本一の防潮堤を有し、津波防災都市を誇っていた宮古市田老地区（旧・田老町）で、津波がやすやすと防潮堤を乗りこえて町を洗い、多くの犠牲者をだしたことである。

田老地区は、1896年の明治三陸地震津波や、1933年の昭和三陸地震津波によって、大災害をこうむっていた。明治の津波では、人口の8割以上が失われたといわれる。2回にわたる潰滅的な災害を受けて、田老町では、昭和三陸津波の翌年から防潮堤の築造に着手し、44

年の歳月をかけて1978年、海寄りと内陸寄りの二重の防潮堤が完成していた。高さ約10メートル、総延長約2・4キロの防潮堤が町を守っていたのである。

世界に類を見ない二重の防潮堤は、「万里の長城」ともいわれ、海外から防災関係者が視察に訪れるほどであった。

しかし、東北地方太平洋沖地震による巨大津波は、やすやすとこの防潮堤を乗りこえたうえ、海寄りの堤防を、約500メートルにわたり破壊してしまったのである。防潮堤に信頼を寄せていたために、逃げおくれた住民も少なくなかったという。これ以上ないとさえいわれていた堅牢な防災施設も、大自然の猛威の前では、町を守りぬくことができなかったのである。

破壊的な津波の流速

津波の破壊力について見過ごすことができないのは、津波が陸に上がったときの流速である。津波が海岸に向かって押し寄せてくるときを考えてみよう。当然のことながら、水深は陸に近づくにつれて浅くなる。津波の進行速度は、水深が深いほど速く、浅いほど遅くなるから、津波が陸に近づいて水深が浅くなると、先端部は遅くなり、後から来る速い波がその上に覆いかぶさるようになるため、陸上からは、あたかも白い水の壁が迫ってくるように見える。

その水の壁が崩れて、薄い水の層が陸に乗り上げたとき、流速がきわめて大きくなるのである。東北地方太平洋沖地震による大津波の場合、東北大学のチームによる調査では、秒速10メートル以上に達していたと推定されており、その流速が大きな破壊力を発揮したものと思われる。

女川町では、鉄筋コンクリート造りの建物3棟が、〝海側〟を向いて倒れていた。港湾空港技術研究所の調査から、津波は高台の斜面を約18メートル駆け上がっていたことが明らかになった。倒れた3棟は、高台のすぐ下にあった建物で、海から押し寄せてきた津波には耐えたものの、斜面を駆け上がった津波が、引き波となって高速で流下してきたときに、海側に向かって押し倒されたものと考えられる。

津波火災の脅威

津波の襲来とともに、各地で火災が発生した。総務省消防庁によると、その数は、東北から関東にかけて325件とされている。なかでも、岩手県山田町、宮城県気仙沼市、石巻市、名取市などでは広域的な火災となった。いずれも沿岸部で発生しており、大津波が招いた火災と考えられている。

気仙沼市の場合、港湾地帯にあった石油タンクが、地震や津波によって破損し、油をまき散らしながら流されたため、何らかの原因で、海面に漂う油に着火して、文字通り〝火の海〟となってしまった。さらにはそれが、津波で流されてきた大量の瓦礫に引火して、ともに燃えながら、湾奥から市街地に運ばれ、延焼火災になったと考えられる。

石巻市では、車が火災の原因になった。大津波警報が発令されたため、多数の市民が、避難場所に指定されていた門脇《かどのわき》小学校の校庭に、乗用車で乗りつけてきた。100台ほどが駐車していたという。そこへ想定外の大津波が襲来してきたため、車どうしがぶつかりあうなどして出火し、さらにその火が校舎にまで燃え移って、校舎も焼失してしまった。

ただ幸いなことに、校舎の中に避難していた人びとは、学校のすぐ裏手が日和山という高台だったので、そこによじのぼって難を逃れたという。しかし、車も小学校の校舎も全焼してしまったのである。

大津波に襲われた地域で火災の起きた例は、けっして少なくない。1933年の昭和三陸地震津波のときの岩手県釜石町や田老村、1993年北海道南西沖地震のときの奥尻島、海外では、筆者がかつて取材した1964年アラスカ地震のさいに全焼したバルディーズ市などの例が挙げられる。

1964年新潟地震のときも、地震で破損した石油管から流出した油を津波が運んで、水面に広がったところに着火して燃えひろがり、町に延焼して民家約290棟が焼失している。

このように、「津波は火災を呼ぶことがある」というのは、防災上きわめて重要な課題である。いま日本各地の港湾地帯に立地している石油コンビナートには、石油タンクなどが林立している。地震動や津波によってタンクが破損したり、船などの漂流物がタンクに衝突して、油が漏れだしたりすれば、引火して大規模火災に発展する危険性を秘めているといえよう。

したがって、津波による火災の発生までも視野に入れた防災対策の整備が、各企業や自治体に求められているのである。

地盤の液状化災害

東日本大震災では、地盤の液状化によっても大きな被害がでた。千葉県浦安市や習志野市など、東京湾の沿岸部を中心に大規模な液状化現象が発生、また茨城県潮来《いたこ》市や内陸部の埼玉県久喜市でも、住宅地など液状化による被害を生じた。

液状化被害に遭った地域は、ほとんどが埋立地で、浦安市などの場合は、東京湾北部の海を埋め立てて、宅地開発を行ってきた地域であった。液状化によって、建物が傾くとか、住宅の土台が損傷するなどの被害がでた。電柱が傾き、マンホールが抜け上がるなどして、長期にわたりライフラインに重大な影響がでるにいたった。また、各所で砂まじりの水を大量に噴きだす噴砂現象が見られ、そこに多くの車が埋まるという事態も生じた。

東京湾沿岸部だけでも、東京ドーム９００個分にあたる約4、２００ヘクタールで液状化が発生、住宅の被害は、関東地方だけで約１万７、０００棟に達しており、〝世界最大規模の液状化〟だったという指摘さえある。

液状化により抜け上がったマンホール
（浦安市）（日本防災士会提供）

福島第一原発の事故

地震当時、福島第一原子力発電所では、１～3号機が稼働していたが、地震発生とともに、原子炉は自動停止し、また外部電源を失ったため、非常用ディーゼル発電機が起動した。ところが、地震発生から約50分後に高さ14メートルの大津波が襲来して、非常用発電機が故障、電源喪失の状態に陥った。そのため、原子炉の内部や使用ずみ核燃料プールへの注水が不可能となり、核燃料の冷却ができなくなった。

その結果、1、2、3号機とも炉心溶融（メルトダウン）が発生、その影響で水素ガスが大量に発生し、原子炉建屋やタービン建屋の内部に水素ガスが充満、ついにガス爆発を起こして、各建屋や周辺施設が大破するにいたった。全電源が失われてから、わずか数時間のうちにメルトダウンが始まっていたといわれている。

水素爆発や格納容器の破損、配管のつなぎ目からの蒸気漏れや冷却水漏れなどによって、大気中や海水、土壌、地下水などへ大量の放射性物質が放出されるにいたったのである。

深刻かつ重大な原発事故と環境汚染を受けて、周辺自治体の住民は、ふるさとを捨て、他地域への避難を余儀なくされ、長期にわたる避難生活を送ることになり、現在に至っている。

振り返ってみると、M9・0の超巨大地震による未曾有の災害は、沿岸市町村の潰滅と、数えきれないほどの人命の損失、大量の避難者の発生と避難場所での厳しい環境や医療体制、避難に伴う地域コミュニティの崩壊、水や食糧、生活用品などの不足、ガソリン供給をはじめとする物流の停滞、さらには原子力発電所の事故など、後手にまわった危機管理のあり方をはじめ、防災上多岐にわたる課題を現代社会に投げかけたものといえよう。

大震災から10年あまりを経ても、ふるさとを失い、不本意な避難生活を続けている人びとは、4万人あまりに達しているという。

第16章　御嶽山の噴火災害

突然の水蒸気噴火

平成26年（2014年）9月27日、長野県と岐阜県の県境に位置する御嶽山が噴火して、死者・行方不明者63人という、戦後の日本としては最大の犠牲者をだす火山災害となった。

御嶽山は標高3、067メートル、活火山としては、富士山の3、776メートルに次いで2番目の高さである。

この日の午前11時52分、突然の水蒸気噴火が発生した。水蒸気噴火というのは、地下のマグマの熱によって、地下水が一気に沸騰して起きる爆発的な噴火である。山頂部に開いた複数の火口から、大量の噴石や火山灰が放出されて周辺に降りそそぎ、山頂付近にいた多数の登山客を直撃したのである。

また火砕流も発生して、南西側と北西側に流下したことも確認された。

噴石のなかには、車ほどの大きさのものもあったが、おもに直径10センチから最大60センチほどの噴石が、秒速１００メートル以上の速さで降りそそいだとされている。

折から山は紅葉シーズンの真っ盛り、しかも週末の土曜日だったうえ、またとない好天に恵まれ、さらには正午直前の噴火だったため、多くの登山者が、昼食を取ろうと、山頂付近で休息しているさなかに起きた噴火であった。

もし噴火が夜であったり、悪天候下であったなら、このような人的被害は発生しなかったものと思われる。その意味でも、きわめて不運な災害だったということができよう。

御嶽山は、１９７９年10月28日にも同じような水蒸気噴火を発生させているが、このときの噴火は、10月末だったため、登山者もなく、人的被害の発生することはなかった。

観測されていた前兆現象

多数の犠牲者をだした9月27日の噴火まで、御嶽山では、9月10日と11日に火山性地震が頻発していた。10日に52回、11日には85回の火山性地震が観測されている。

9月12日、気象庁は「火山灰等の噴出の可能性」を発表し、各自治体に通知していた。しかし、山体の膨張や火山性微動など、マグマの上昇を示すデータも観測されず、地震の回数も減少してきたため、噴火警戒レベルは、平常時と同じ「１」に留められたままであった。

噴石や火山灰に覆われた御嶽山山頂

また、注意を喚起した気象庁からの情報も、各自治体止まりとなり、一般登山者への情報提供も不足していた。もし火山性地震が頻発していた段階で、噴火警戒レベルを、火口周辺への立ち入りを規制する「2」に引き上げていたなら、被害を軽減することができたのではないか、という指摘もある。

実は、御嶽山では、9月27日に水蒸気噴火が発生する11分前に、突如火山性微動が観測された。火山性微動というのは、地下のマグマや水、火山ガスなどが移動するさいに起きる現象で、噴火の発生と関わる場合も少なくない。

しかし、噴火予知という側面から見ると、突発的に起きるこのような水蒸気噴火を、直前に予知することはきわめて困難なのである。日本の他の火山で、火山性地震が多発したり、火山性微動が続いたりしていても、噴火の起きなかった例も少なくないからである。

登りやすい山、御嶽山

このときの噴火で、人的被害が大きくなった原因としては、先に挙げた天候や噴火発生時刻などのほかに、御嶽山特有の事情も挙げられる。

一つには、御嶽山は山岳信仰の対象として知名度が高く、また3、000メートル級の高山のわりには、登山の難易度が低く、家族連れでも登頂できる山であること。また山頂には、山小屋と社務所があるだけで、シェルターなどの避難施設がなかったことも、死傷者を増やした原因だったと考えられる。

噴火のあと、行方不明者の捜索活動などは、火山ガスの噴出や台風などによる大雨、さらには降雪や凍結などに阻まれて難航をきわめた。また、登山計画書の提出も少なく、登山者の実態把握や安否確認などに手間取ったのである。行方不明者5人の捜索は、約7年を経た現在も続けられている。

御嶽山は、全国に50ある常時観測火山の一つだが、噴火当時の観測体制は必ずしも十分とはいえず、山体の膨らみを測る傾斜計も1基だけであったし、山頂の地震計も故障したままだったという。

しかも御嶽山では、1979年の水蒸気噴火のあと、ごく小規模な噴火が2回あっただけで、いわば観測データの蓄積がほとんどなかったことも挙げられる。

日本列島には、登山や観光の対象になっている活火山が少なくない。なかには、阿蘇山や草津白根山のように、活動している火口に近づくことのできる火山もある。登山者が、活火山であることを意識しつつ、火山の雄大な自然を満喫する一方で、緊急事態に備える心がまえを持ちつづけることが求められているといえよう。

第17章　熊本地震

相次いだ震度7

平成28年（2016年）4月14日の午後9時26分、熊本県熊本地方を震源とするM6・5の地震が発生、同県益城町《ましきまち》で震度7を観測した。さらにその28時間後の4月16日午前1時25分、同地方を震源とするM7・3の地震が発生し、益城町や西原村でまたも震度7を観測した。同じ地区で、震度7が2回連続して観測されたのは、現在の地震観測体制になってからでは初めてのことであった。

16日のM7・3のあと、気象庁はこれが本震で、14日のM6・5はその前震だったとする見解を発表し、一連の地震に対して「平成28年熊本地震」と命名した。

14日の地震は日奈久《ひなぐ》断層、16日のM7・3は布田川断層が活動して起こしたものとされている。震源の深さが、それぞれ11〜12キロと浅かったため、地表は激しい揺れに見舞われたのである。

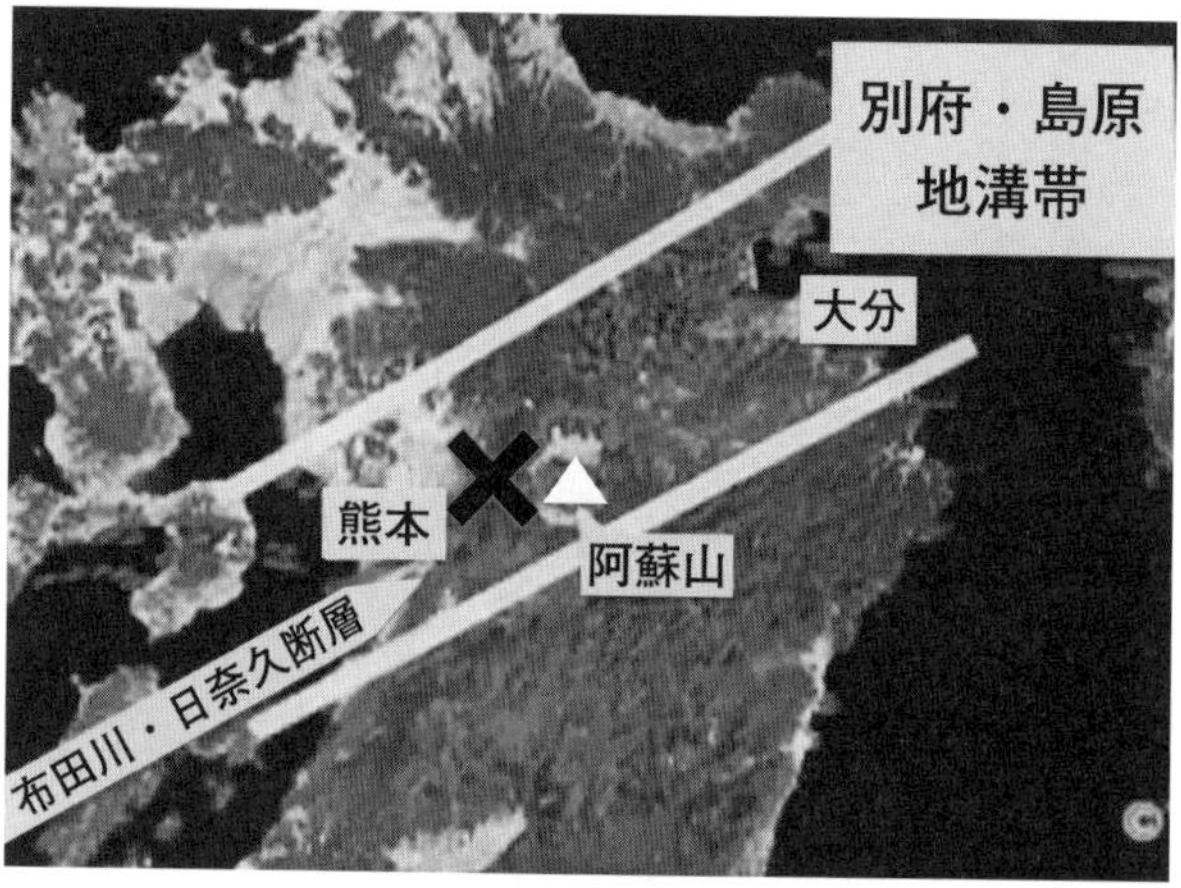

別府・島原地溝帯

地震活動は、さらに北東側の阿蘇地方や大分県下にまで及び、4月16日午前7時11分には、大分県中部でM5・3の地震が発生、由布市で震度6弱を記録した。別府・万年山《はねやま》断層の一部が活動したものと見られている。

別府・島原地溝帯

これら一連の地震は、「別府・島原地溝帯」の中にある複数の活断層が活動して起こしたものであった。

九州中部の地殻は、幅約30キロの別府・島原地溝帯を中心に、少しずつ南北に開く運動が続いているため、中央部がくぼんで地溝帯を形成している。

地溝帯の内部では、南北に引っ張られる力が働

益城町の家屋被害

きつづけているため、地殻に割れ目を生じ、そこからマグマが噴出しては、阿蘇山や九重山、鶴見岳、雲仙岳などの火山が誕生してきた。また、引っ張りの力によって、多数の活断層が生じており、それらが活動すれば、震源の浅い内陸直下地震が発生する。

また、内陸だけでなく、地溝帯の東端にあたる別府湾の海底にも、多くの活断層がほぼ東西方向に走っている。

日本列島の大部分は、太平洋プレートやフィリピン海プレートに押されつづけているため、圧縮の場にあるのだが、別府・島原地溝帯だけは、いわば張力場にあるという特殊な地域なのである。

地震後の調査により、日奈久断層帯で長さ約6キロ、布田川断層帯で約28キロにわたる地表地震断層が確認された。益城町堂園付近では、最大約2・2メートルの右横ずれ変位が確認されている。このように、地表に地震

麦畑に出現した右横ずれ断層

断層が出現するような地震は、震源が浅いため、地上は強烈な揺れに見舞われ、被害を拡大するのである。

家屋の被害と土砂災害

熊本地震による被害は、全域で住家の全壊8、600棟あまり、火災も15件発生した。直接の死者は50人を数えたが、そのうち益城町だけで20人が亡くなっている。益城町では、全体の8割近い家屋が、震度7の揺れにより倒壊した。倒壊家屋の大部分が、1981年に建築基準法が改正され、新耐震基準が設定される以前に建てられた木造家屋であった。

南阿蘇村では、東海大学の阿蘇キャンパスに近いアパートが倒壊し、学生3人が犠牲になった。

死者50人のうち9人は、4月14日の前震による死者、41人は、16日の本震のさい亡くなった人びとである。こ

阿蘇山の斜面崩壊

の41人のうち13人は、14日の前震のあと、無事だった自宅に戻り生活を再開したものの、16日の本震によって家が倒壊して死亡した人びとであった。

熊本市の象徴ともいえる熊本城も、13棟の重要文化財建造物すべてが被災した。また石垣の被害も大きく、緩みや膨らみを生じるなどの被害に見舞われた。

一方、大規模な土砂崩れも各所で発生した。とくに阿蘇火山の山腹がいたる所で崩壊し、山頂に向かう阿蘇スカイラインも長期間不通になった。一般に、火山噴出物層は未固結のうえ、地震の強い衝撃によって崩壊を起こしやすい。火山地域特有の土砂災害だったといえよう。

南阿蘇村では、大規模な土砂崩れに巻きこまれて、阿蘇大橋が崩落し、折悪しく大橋を通過していた車1台が巻きこまれ、男性1人が犠牲になった。

がけ崩れ、地すべり、土石流などによる土砂災害は、熊本・長崎・佐賀・大分・宮崎・鹿児島の各県にわたる広い範囲で計190件発生し、国が管理する6河川では、172か所で堤防などが被災した。

熊本地震から2か月あまりを経た6月19日から25日にかけて、停滞していた梅雨前線の影響で、西日本を中心に大雨が降りつづいだ。熊本県下では、地震により緩んでいた地盤が各所で崩れ、家屋の全壊13棟、死者5人を数える二次的な土砂災害が発生している。

明治の熊本地震

熊本地震が起きるまで、熊本では長いあいだ、被害をもたらすような大地震に遭遇していなかった。歴史を調べてみると、熊本市が顕著な被害に見舞われた地震は、1889年（明治22年）以来のことであった。

この年の7月28日、熊本市の直下を震源としてM6・3の地震が発生、熊本県全体で、家屋の全壊230棟あまり、20人の死者がでている。それ以来、この地域は130年近くも、地震による大きな被害を体験していなかったのである。「熊本には大地震は来ない」という誤った認識も広まっていたと聞く。そのためか、建築物の耐震化も十分に進んでおらず、住民意識も高くはなかったのではないだろうか。

その意味でも熊本地震は、常時からの防災意識の醸成と地震対策の重要性を、あらためて社会に投げかけたものということができよう。

第18章　大阪府北部の地震

都市直下でM６・１

平成30年（２０１８年）６月18日、大阪府北部を震源としてM６・１の地震が発生した。震源の深さ13キロの都市直下地震であった。この地震により、大阪市北区、高槻市、枚方市、茨木市、箕面市で震度６弱を観測している。

震源地の周辺には、有馬‐高槻断層帯や生駒断層帯、上町断層帯などがあるが、政府の地震調査委員会によると、これらの断層帯が活動した形跡はないという。

この地震により、大阪府内で死者６人、住家の全壊21棟の被害がでた。また大阪市で３件、尼崎市で４件の火災が発生している。

M６・１はそれほどの大地震ではない。しかし、大都市の直下で発生した震源の浅い地震だったため、典型的な都市災害となったのである。

大阪府を中心とする関西地方で、鉄道をはじめ交通機関がほとんど運転を見合わせ、麻痺状態となってしまった。そのため、多くの帰宅困難者が発生し、新淀川大橋などは、徒歩で橋を渡る人びとで埋まるという事態になった。

再浮上したブロック塀の安全対策

このときの災害で、とくに注目を集めたのは、ブロック塀の倒壊によって犠牲者がでたことである。大阪市東淀川区では、道路沿いのブロック塀が倒れ、80歳の男性が下敷きになって死亡した。

寿永小学校のブロック塀（倒壊前）

同（倒壊後）

また、多くの人の涙をさそったのは、高槻市立寿永小学校のプール沿いにあったブロック塀が、長さ約40メートルにわたって倒れ、たまたま登校中だった小学4年生の女子児童が、下敷きになり死亡したことである。

このブロック塀は、もともと

あった高さ1・9メートルの塀の上に、1・6メートルの塀を継ぎ足したもので、高さは合計3・5メートルあり、それが地震の揺れによって、上部の継ぎ足し部分が倒壊したのである。死者がでたことから、あらためてブロック塀の耐震対策が注目されるにいたった。

過去を振り返ってみると、地震によってブロック塀が多数倒壊し、大きな問題となったのは、1978年6月12日に発生した宮城県沖地震（M7・4）である。この地震では、仙台市を中心に28人の犠牲者がでたのだが、そのうち18人は、倒壊したブロック塀や門柱の下敷きになって死亡した人たちであった。

その苦い教訓から、3年後の1981年に行われた建築基準法の改正のさい、建築物についての新耐震基準の設定とともに、ブロック塀についても、高さの上限を2・2メートルとし、1・2メートルを超える塀については、一定の間隔で控え壁を設置すること、また塀の内側には、鉄筋を80センチ以下の間隔で、縦横に配置することなどが定められた。

しかし女子児童の命を奪った寿永小学校のブロック塀は、高さが基準をこえていたうえ、控え壁も鉄筋も配置されておらず、明らかに建築基準法に違反していたのである。

この災害を受けて、文部科学省が全国の幼稚園や小中学校、高等学校などを対象に、ブロック塀の総点検を実施したところ、安全性に問題があって、撤去や改修が必要なブロック塀を有する学校は1万2､652校、全体の24・8パーセントにのぼることが明らかになった。

学校周辺に限らず、危険なブロック塀は、各市町村で放置されたままになっている。建築基準法に違反しているブロック塀の撤去や改修など､寿永小学校の悲劇を繰り返さないためにも、官民一体となった取り組みが求められるところである。

第19章　北海道胆振東部地震

全道でブラックアウト

平成30年（２０１８年）９月６日の午前３時８分、北海道胆振《いぶり》地方の東部を震源にしてＭ６・７の地震が発生した。震源の深さは37キロ、北海道を乗せる北米プレートの内部で発生した地震であった。

この地震により、勇払郡厚真《あつま》町で震度７、安平《あびら》町、むかわ町などで震度６強、札幌市内でも、一部で震度５強～６弱の揺れを観測した。北海道内で震度７が観測されたのは、近代的な地震観測が始まってから初めてのことであった。気象庁は同日、この地震に対し、「平成30年北海道胆振東部地震」と命名している。

この地震により、死者43人、負傷者７８２人、住家の全壊４６９棟を数えた。

また地震のあと、離島を除く北海道内のほぼ全域にあたる約２９５万棟で、停電（ブラックアウト）が発生、住民生活に甚大な影響がでた。

停電の原因は、北海道最大の苫東厚真火力発電所で、ボイラー管が破損して、当時稼働していた2号機と4号機が停止、地震から18分後には1号機も停止してしまったためである（3号機は2005年10月に廃止）。その結果、連鎖的に他の発電所も停止して、全道に及ぶブラックアウトに至ったものとされている。

全道で停電が続いたため、自家発電機を使用したことが原因となり、一酸化炭素中毒によって、上富良野町と標津《しべつ》町で2人が死亡している。

大規模土砂災害の発生

北海道胆振東部地震による災害を特徴づけたのは、大規模な土砂災害や地盤災害が発生したことである。

国土交通省によると、震度7となった厚真町を中心に、推定約13・4平方キロという広範囲にわたって、表層崩壊が発生し、厚真町の吉野地区などで、多数の家屋が大量の土砂に埋まった。吉野地区だけで36人の死者がでている。

この吉野地区では、丘陵の斜面が見渡すかぎり崩れ落ちて、山肌が剥き出しになってしまった。丘陵斜面の表層部分が崩れ落ちたのだが、その地質は、軽石や火山灰などから成る火山噴

厚真町吉野地区の土砂崩れ

出物で構成されていた。4万4、000年程前に巨大噴火を起こした支笏《しこつ》火山の噴出物、その上に恵庭岳や樽前山の噴火による軽石が降り積もって、地表を覆っていたのである。

そもそも軽石の層は、水を含むと滑りやすくなるという性質がある。現実に北海道では、地震の起きる前日の9月5日、西の海上を北上した台風21号によって大量の降雨がもたらされたため、軽石の層がたっぷりと水を含んでいたとされている。そこに強い地震の揺れが襲い、広範囲にわたる斜面崩壊を引き起こしたものと考えられる。いわば「地震と大雨との複合災害」だったと位置づけることができよう。

液状化により被災した住宅（札幌市清田区里塚）

液状化などによる地盤災害

北海道胆振東部地震では、もう一つ重大な地盤災害が発生した。

札幌市清田区美しが丘地区や清田地区、里塚地区などで、地盤の液状化や流動化による被害が発生したのである。これらの地区では、2003年9月に起きた十勝沖地震のさいにも、同様の地盤災害が発生している。まさに災害は繰り返されたといえよう。

とくに甚大な被害となったのは里塚地区で、地盤が大きく陥没して、多くの住宅が傾くなどの被害がでた。この地区では、地盤の液状化とともに、地震の激しい揺れによって、地下に埋設されていた水道管が損傷して水が噴きだし、大量の土砂が洗い流されたため、地上では道路が波打ち、大穴が開いたり、地盤全体が陥没するという事態になった。その結果、多くの家屋が傾いたり沈下したりするという被害を生じたのである。

この地区は、もともとは谷で、川が流れていた所を、1970年代後半に、火山噴出物などから成る大量の土砂によって埋め立て開発を行い、宅地化を進めた地区であった。そのような地盤環境が、重大な災害を招いたものといえる。

全国的に振り返ってみると、過去に起きた大地震のたびに、おもに〝埋立地〟などで、液状化など地盤災害の多発していることがわかる。それだけに、居住する土地の履歴を把握しておくことが、自衛の手段として重要であることを、胆振東部地震による地盤災害は物語っているといえよう。

おわりに

地震も火山の噴火も、ごく当たり前の地球の営みであり、見方をかえれば、それは、地球が生きている証拠ということもできる。とりわけ日本列島のような変動帯では、そうした現象が頻発することによって、致命的な災害をもたらすことが多い。普段は、地球の自然から多様な恵みを受けとっている我々は、大地が突然の寝返りを打ったとき、重大な社会的損失に遭遇し、うろたえてしまうのである。

長大な地球時間のなかでは、ほんの一瞬にすぎない「平成」の30年間にも、日本列島は多くの自然災害を体験してきた。本書では、地震・津波・火山噴火という地球の内因作用による災害を取りあげたが、一方、外因作用による豪雨災害や土砂災害なども、この30年間に頻発してきたことはいうまでもない。

自然災害は必ず繰り返す。「過去は未来への鍵」といわれるとおり、過去の災害から得られた教訓を、いかに将来の防災に活かすか、紙背に読みとって頂ければ幸いである。

本書を刊行するにあたっては、近代消防社の中村豊編集長にたいへんお世話になった。あらためてお礼を申し上げる。

2021年8月　伊藤和明

《著者紹介》
伊藤和明（いとうかずあき）

1930年東京生まれ。東京大学理学部地学科卒業。東京大学教養学部助手、ＮＨＫ科学番組・自然番組のディレクター、ＮＨＫ解説委員（自然災害、環境問題担当）、文教大学教授を経て、現在、防災情報機構会長、株式会社「近代消防社」編集委員。主な著書に、『地震と噴火の日本史』、『日本の地震災害』（以上、岩波新書）、『津波防災を考える』『火山噴火予知と防災』（以上、岩波ブックレット）、『直下地震！』（岩波科学ライブラリー）、『大地震・あなたは大丈夫か』（日本放送出版協会）、『日本の津波災害』（岩波ジュニア新書）、『災害史探訪（内陸直下地震編／海域の地震・津波編／火山編）』（近代消防新書）がある。

KSS 近代消防新書

022

平成の地震・火山災害

著　者　伊藤《いとう》　和明《かずあき》

2021年8月30日　発行

発行所　近代消防社

発行者　三井　栄志

〒105-0001　東京都港区東新橋1丁目1番19号
（ヤクルト本社ビル内）

読者係（03）5962-8831㈹

https://www.ff-inc.co.jp

ISBN978-4-421-00956-9　C0244
価格はカバーに表示してあります。